RED DRAGON BOOKS

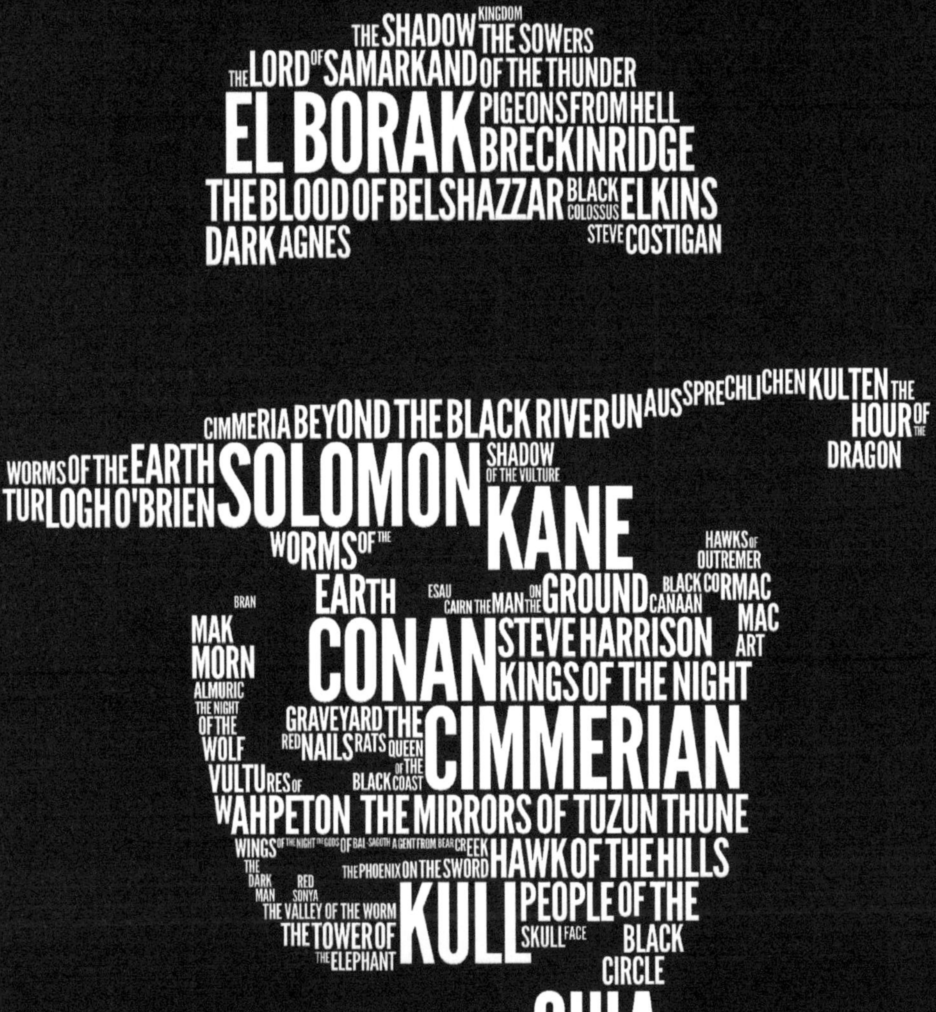

O GUIA ROBERT E. HOWARD

Patrice Louinet

O GUIA ROBERT E. HOWARD

Patrice Louinet

Tradução
Alex Magnos

RED DRAGON
PUBLISHER

Título original: *The Robert E. Howard Guide*

Publisher: Alexandre M Brito
Editor: Alex Magnos
Assistente: Giordano Bruno
Comercial: João Marcelo
Licenciamento: André Jr

Tradução: Alex Magnos
Revisão: Jonas S. Trindade
Diagramação: Red Dragon Media
Design da Capa: Alexandre Bourgois

1ª edição, julho de 2019
3ª impressão, junho de 2022

Dados Internacionais de Catalogação da Publicação - CIP
Catalogação na Fonte

Louinet, Patrice
O Guia Robert E. Howard / Patrice Louinet. Tradução e notas de Alex Magnos - 1. ed. Fortaleza, CE : Red Dragon Publisher, 2022.

Título original: *The Robert E. Howard Guide*
ISBN 978-85-69097-48-8

1. Biografia 2. Howard, Robert E. (1906 - 1936)
I. Título

CDD 928.1

Índices para catálogo sistemático:
1. Biografia 928.1

Alex Magnos Storyteller
Fortaleza CE Brasil
contato@reddragonpublisher.com
www.reddragonpublisher.com
facebook *reddragonpublisher*
RedPublisher

RED DRAGON
PUBLISHER

Para Glenn Lord e Rusty Burke.
Mentores, cavalheiros, amigos.

SUMÁRIO

11 ....Lista de imagens

15 ....Agradecimentos

17 ....Introdução

23 ....***Capítulo Um***
Equívocos comuns sobre Howard
49 ....***Capítulo Dois***
Biografia
81 ....***Capítulo Três***
As vinte histórias que você deve ler (e por quê)
131 ......***Capítulo Quatro***
Mais vinte contos que você deve ler
161 ......***Capítulo Cinco***
Algumas palavras lacônicas sobre dez outros contos
167 ......***Capítulo Seis***
O Verdadeiro Conan... e as imitações
189 ......***Capítulo Sete***
Sobre Howard
205 ......***Capítulo Oito***
As Adaptações
223 ......***Capítulo Nove***
O bom, o Mau e o Feio
237 ......***Capítulo Dez***
Caro Sr. Lovecraft...
249 ......***Conclusão***
A Revolução Howard

257 ......Sobre o autor

Lista de imagens

03 ....Frontispício: Alexandre Bourgois

25 ....Robert E. Howard.

28 ....Hester Howard e Patch, o cachorro de Robert.

33 ....Howard adolescente demonstrando sua forma de luta.

37 ....Cartão Postal de Howard para seu amigo Harold Preece...

53 ....Robert em um retrato de infância. Cerca de 1911.

54 ....O garoto Robert.

55 ....Robert adolescente com sua mãe, Hester, e seu pai, Isaac.

58 ....Os três mosqueteiros.

58 ....Howard em uma posição de luta...

62 ....Primeira venda profissional de Howard, "Spear and Fang"...

65 ....Conto "Red Blades of Black Cathay"

68 ....A história de Conan, o cimério, "The Devil in Iron"...

71 ....Novalyne Price, namorada de Howard e, mais tarde, sua biógrafa.

75 ....A famosa foto de Howard com o fedora...

77 ....A última foto conhecida de Robert E. Howard.

82 ....Ilustração de Hugh Rankin para "The Shadow Kingdom"...

85 ....Weird Tales de janeiro de 1928 com a estréia de Solomon Kane...

90 ....Ilustração interna para "Hawks of Outremer".

91 ....Ilustração interna para "Hawks of Outremer".

98 ....Ilustração interna para "Worms of the Earth".

100 ....Ilustração interna para "The Phoenix on the Sword".

104 ....Ilustração interna para "The Tower of the Elephant".

108 ....Weird Tales, maio de 1934, com "Queen of the Black Coast"...

113 ....Ilustração interna para "Beyond the Black River".

120 ....Ilustração interna para "Pigeons from Hell" por Virgil Finlay...

124 ....Weird Tale, Agosto de 1935, com "Red Nails"...

134 ....Weird Tale, Junho de 1933, com "Black Colossus"...

138 ....Top-Notch, Junho de 1935, com "Hawk of the Hills".

143 ....Weird Tale, Dezembro de 1935, com "The Hour of the Dragon"...

146 ....Weird Tales, Junho de 1930, com "Moon of Skulls"...

149 ....Weird Tale, Dezembro de 1934, com "A Witch Shall Be Born"...

150 ....Ilustração interna para "A Witch Shall Be Born"...

152 ....Ilustração interna para "The Gods of Bal-Sagoth"...

153 ....Ilustração interna para "The Gods of Bal-Sagoth"...

156 ....Ilustração interna para "The Valley of the Worm"...

172 ....Arnold Schwarzenegger como Conan; Jason Momoa como Conan.

184 ....O autor com Glenn Lord em 2009.

190 ....H. P. Lovecraft.

194 ....Weird Tales foi a primeiro publicação pulp de fantasia e horror...

208 ....Uma cena do episódio "Pigeons from Hell" de Thriller, 1961.

211 ....Pôster do filme "Conan the Barbarian" (1982).

214 ....Os quadrinhos mexicanos de Conan "La Reina de la Costa Negra".

216 ...."Conan the Barbarian" nº 1 (Marvel, 1970).

225 ....As edições de Conan da Lancer com as capas por Frank Frazetta.

243 ...."Blood and Thunder" por Mark Finn...

256 ....O autor.

Agradecimentos

Agradecimentos especiais para Barbara Barrett, Paul Herman, Jeffrey Shanks, Rob Roehm, Leonidas Vesperini, Jerome Vincent, Todd Vick e Barnabidule.

Introdução

A edição brasileira de *O Guia Robert E. Howard*[1] segue a americana e francesa por mais de dois anos, uma ocorrência bastante incomum, como geralmente é o contrário. A popularidade de Howard está no auge neste último país, mas vários indicadores mostram que um movimento semelhante está em ação nos Estados Unidos (e em outras partes do mundo).[2] Qualquer que seja o lado do Atlântico em que você vive, esse surto deve pouco à coincidência e é a extensão lógica de um movimento que começou na virada do novo milênio, quando as histórias de Conan — uma pedra fundamental da fantasia moderna — foram publicadas em uma edição não expurgada, completa, intacta e pura pela primeira vez.

Na sequência desta edição histórica, uma parte impressionante da ficção de Howard foi publicada ou reimpressa sob a orientação dos principais especialistas em Howard, usando sistematicamente os textos mais puros disponíveis. Ao mesmo tempo, investigações sérias da vida, influências e conquistas de Howard puseram de lado a maioria das distorções e manipulações que foram introduzidas pelas mesmas pessoas que tinham sido responsáveis pela promoção das histórias de Conan, de longe, a criação mais famosa de Howard. Embora citar Howard como uma influência tenha sido particularmente imprudente (e raro) vinte anos atrás, um autor como G. R. R. Martin explica hoje em dia que todo amante da fantasia deve começar lendo Howard e Tolkien, e numerosos autores promissores agora nomeiam Howard como uma influência.

Este livro tornou-se assim uma necessidade pela simples razão de que Robert E. Howard, seus trabalhos e sua importância no gênero de fanta-

---

[1] *Original em inglês: The Robert E. Howard Guide.*
[2] *Incluindo o Brasil.*

sia estão sendo inteiramente reavaliados. As vendas rápidas dos volumes de Conan da Del Rey, a partir dos primeiros anos do milênio, logo levaram a uma série de adaptações de histórias em quadrinhos pela Dark Horse, mas foi apenas nos últimos dois anos que o impacto dessas edições restauradas começou a se fazer sentir, quando um grande jogo de tabuleiro de mesa e um RPG entraram em produção. Ambas as adaptações permaneceram o mais próximo possível do material original de Howard, ou seja, uma mudança enorme e bem-vinda considerando as adaptações anteriores. Por um outro lado do prisma, a academia está começando a prestar atenção em Howard, algo que simplesmente não era possível quando não havia uma edição textual padrão disponível. Howard tornou-se um marco na conferência da *Popular Culture Association — PCA*[3] e na *International Conference for the Fantastic in the Arts — ICFA*[4] nos Estados Unidos e é / tem sido objeto de várias dissertações de doutorado em todo o mundo, e especialmente em universidades no Japão, Canadá, Suíça, Brasil, e França, este último na prestigiada Sorbonne.

Apesar dessa crescente notoriedade, permanece o fato de que, para o público em geral, Howard ainda é um desconhecido, e Conan, na maioria das vezes, é reduzido a Arnold Schwarzenegger, às anabolizadas opiniões políticas pesadas de John Milius, às pinturas de Frank Frazetta ou ao bárbaro em uma "fralda peluda" popularizada pela Marvel Comics na década de 1970.

O presente volume está dentro desse novo movimento essencial. É, em primeiro lugar, um guia, que visa apresentar o homem e suas obras de uma forma concisa, direta e esperançosamente interessante, mas é também um manifesto e um cão de guarda. Seu objetivo é dissipar, de uma vez por todas, os erros, mentiras e conceitos errôneos que foram repetidos ad nauseam. Também será útil para o fã de Howard que precisa de uma ferramenta eficiente para corrigir o problema.

É, portanto, militante em alguns momentos e pode ser feroz quando necessário (estamos discutindo Howard, afinal, não há nenhuma surpresa aqui). É também um relato do que aconteceu e do que está acontecendo agora. Presta especial atenção a Conan, o cimério, porque o personagem

---

[3] *Associação de Cultura Popular.*
[4] *Conferência Internacional para o Fantástico nas Artes.*

tem uma tremenda importância na história da fantasia, na carreira de Howard, mas também, e mais importante, porque várias das histórias de Conan estão entre as melhores que Howard já escreveu. Dito isto, não imagine, por um instante, que você encontrará dentro dessas páginas mais uma "biografia de Conan", ou até mesmo uma cronologia de Conan ou de Solomon Kane. Howard é o assunto deste volume, não suas várias criações. Da mesma forma, você não vai encontrar um índice detalhado das várias revistas de Conan publicadas pela Marvel e pela Dark Horse ao longo dos anos. (E no caso de isso ser o que você queria, continue lendo. Talvez você não se importe muito mais com isso depois de ter chegado à última página.)

Se você não sabe nada sobre Howard além do seu nome, pode pular a primeira parte deste livro (que lida com os equívocos que cercam Howard) e voltar para esta seção mais tarde. Se, ao contrário, você "leu que Howard provavelmente…", uma leitura atenta desse capítulo será provavelmente uma experiência reveladora. Mas não acredite na minha palavra. Vá e leia.

E se você descobriu Howard via Conan, ou Conan via Howard, ou de qualquer outra forma, vamos apostar que este guia mostrará que a caneta pode ser, às vezes, tão poderosa quanto a espada...

“Tolo que eu seria ao confiar em um francês.”
— Solomon Kane

Capítulo Um
Equívocos comuns sobre Howard

1. Howard estava convencido de que Conan realmente existiu.

Mesmo que ele não estivesse na origem dessa infame afirmação, John Milius, diretor do filme Conan, o Bárbaro, de 1982, é responsável por sua popularidade. O cineasta repetiu a anedota em várias ocasiões, mais notavelmente em "*Conan Unchained*", um documentário sobre a realização do filme, no qual ele declara: "[Howard] estava convencido de que, você sabe, a cidade queria exterminá-lo, esse tipo de coisa, e ele ia para casa, pregava suas janelas e carregava rifles — maluco total! Mas a melhor parte é que ele estava sozinho uma noite, e ele sentiu uma sombra aproximar por trás, e ele soube que Conan estava atrás dele com um grande machado. E Conan lhe disse: 'só fique aí e escreva, e se você não fizer exatamente o que vou lhe contar, vou partir você ao meio.' E então, ele ficou muito aterrorizado, porque Conan exalava muito poder e medo, e ele conseguia ver o machado brilhando em sua visão periférica, sabe, e ele então escreveu a noite toda!"

As pesquisas não conseguiram descobrir nenhuma carta, documento ou entrevista em que pudéssemos descobrir porque toda a cidade queria exterminar Howard, ou porque ele iria bloquear suas janelas com tábuas e carregar rifles. Estas são puras invenções de Milius. Este episódio do advento de Conan é baseado em uma passagem de uma carta de Howard, mas distorcida quase além do reconhecimento. Em 14 de dezembro de 1933, Howard escreveu a Clark Ashton Smith:

"Sei que durante meses eu fiquei absolutamente estéril de ideias,

> completamente incapaz de elaborar qualquer coisa vendável. Então, o homem Conan pareceu de repente crescer em minha mente, sem muito trabalho da minha parte, e imediatamente um fluxo de histórias fluiu da minha caneta — ou melhor, da minha máquina de escrever — quase sem esforço da minha parte. Eu não parecia estar criando, mas sim relacionando eventos que ocorreram. Episódio corou episódio, tão rápido que eu mal conseguia acompanhá-los. Por semanas eu não fiz nada além de escrever sobre as aventuras de Conan. O personagem tomou posse completa da minha mente e sobrepujou todo o resto no que se refere à escrita de histórias. Quando eu deliberadamente tentei escrever outra coisa, eu não consegui. Eu não tento explicar isso por meios esotéricos ou ocultos, mas os fatos permanecem. Eu ainda escrevo Conan de forma mais poderosa e com mais compreensão do que qualquer um dos meus outros personagens; mas provavelmente chegará o momento em que, de repente, me verei incapaz de escrever convincentemente sobre ele. Isso aconteceu no passado com quase todos os meus numerosos personagens; de repente, eu me via fora de contato com a concepção, como se o próprio homem que tinha estado sobre meu ombro, dirigindo meus esforços, de repente se virasse e fosse embora, deixando que eu procurasse por outro personagem."

O que isso nos diz é que Howard era, antes de mais nada, um contador de histórias; um homem que nunca deixaria a verdade factual entre ele e uma boa história. Se for para acreditarmos em sua correspondência, ele só precisaria se sentar à sua máquina de escrever, e as histórias quase que se escreveriam. A verdade é mais prosaica. Na maioria dos casos, e com o passar dos anos, Howard passou um tempo trabalhando e polindo seus textos. Vários rascunhos eram geralmente necessários antes que ele estivesse satisfeito com uma história. Naqueles dias anteriores ao processador de texto, ele reescrevia uma página inteira porque estava insatisfeito com uma frase ou duas. Mas ele quase sistematicamente levou seus correspondentes a acreditar que escrever era uma atividade "natural" para ele. As duas mil e trezentas páginas de rascunhos de Conan que nos chegaram atestam a seriedade com a qual Howard se dedicava a seu ofício. Howard

Robert E. Howard

usou exatamente o mesmo argumento ao discutir as histórias de Kull com H. P. Lovecraft, explicando que as "três histórias que escrevi sobre esse personagem pareciam quase se escrever, sem qualquer planejamento de minha parte; não houve esforço consciente da minha parte para trabalhá-las. Elas simplesmente cresceram, não foram invocadas, cresceram em minha mente e fluíram no papel da ponta dos meus dedos." Howard estava simplesmente "esquecendo" os outros dez contos da série, abortados ou rejeitados. Se o texano usava o imaginário do cimério estando em pé às suas costas para ajudá-lo a escrever, não passava disso: uma mera imagem. Que Howard sentia a necessidade de uma "conexão" com seus personagens para escrever mais poderosamente e com mais convicção, não há dúvida. Quanto a Howard temer o machado de Conan, isso era apenas Milius tentando vender a ideia de um Howard louco.

2. Howard se matou porque não conseguia encarar a vida sem a mãe.

Quando Howard soube, na manhã de 11 de junho de 1936, que sua mãe acabara de entrar em coma irreversível, ele foi até seu carro, estacionado ao lado da residência dos Howards, e disparou uma bala em seu cérebro. Assim, ele não cometeu suicídio quando soube que sua mãe havia morrido, mas quando foi informado de que ela nunca recuperaria a consciência. Hester Jane Howard estava doente há vários meses e sua morte iminente estava em evidência desde o começo de 1936. Howard vinha sendo assombrado pelo suicídio por muitos anos, bem antes de a saúde de sua mãe começar a se deteriorar. Em 1923, aos 17 anos, ele ficou aparentemente bastante perturbado quando um colega de turma se matou. Seu amigo íntimo, Frank Thurston Torbett, explicou que quando Howard estava "triste e deprimido", ele falava sobre suicídio e como pensava em cometê-lo. Em uma carta de julho de 1925, escreve Howard, na vigília de um incidente doloroso: "Eu realmente nunca esperei deixar aquele escritório quando lá entrei, vivo. Sentei-me e a noite passou e o suor frio ficou sobre a minha testa enquanto eu lutava minha batalha silenciosa." É difícil determinar se Howard estava sendo sincero ou excessivamente melodramático aqui. Em uma missiva de 1932, ele afirma: "A propósito, há algo sobre o qual eu estou querendo falar com você há algum tempo; no caso de minha morte, eu gostaria que você deixasse uma palavra para cada uma dos seguintes [pessoas]..." O pai de Howard, Isaac Mordecai Howard, nunca aceitou a ideia de que seu filho tinha tendências e / ou obsessões suicidas por um longo tempo. Ele tentou encobrir elementos após o suicídio, tentando fazer parecer que o ato de seu filho era simplesmente a consequência de seu desânimo com a morte de sua mãe — uma tragédia que correspondia a um estado de espírito muito peculiar e não era de forma alguma representação do temperamento de seu filho; uma família feliz despedaçada por um incidente trágico. A inscrição na lápide da família é bastante eloquente: "Eles foram amáveis e agradáveis em sua vida, e em sua morte não foram divididos" (2º Samuel 1:23). Assim, quando Isaac Howard encontrou "*The Tempter*",[5] um poema glorificando o suicídio, nos documentos de seu filho, ele o publicou no Cross Plains Review, o jornal da cidade, por ocasião do primeiro aniversário da morte de seu filho, explicando que "o poema foi escrito apenas quarenta e oito horas antes que o jovem gênio literário disparasse uma bala fatal em seu cérebro." O estudo minucioso de um rascunho do poema mostra, sem sombra de dúvida, que este poema data, o mais tardar, de 1929, sete anos antes. Isaac Howard não sabia disso, mas também não sabia que havia sido digitado "48 horas" antes do suicídio. Que Howard era próximo de sua mãe é indiscutível, mas a morte dela obviamente não foi a causa de seu suicídio. Simplesmente *forneceu a ocasião* que Howard esperava. No momento em que ele descobriu, não que ela estava morta, mas que ela não precisava mais dele para cuidar dela, Howard se encontrou mestre de seu destino novamente, e em posição de fazer o que ele estava considerando há meses no mínimo, provavelmente por anos.

---

[5] *O Tentador.*

Hester Howard e Patch, o cachorro de Robert.

3. Conan desfrutou de um status especial na mente de Howard.

Ninguém pode negar que Howard ganhou sua fama literária graças a Conan da Ciméria. No entanto, não se deve inferir que o personagem gozava do *status* privilegiado que a maioria das pessoas gostaria de atribuir a ele, ou seja, que Conan era sua criação "definitiva", sobre a qual ele continuaria escrevendo, história após história, ano após ano.

Do ponto de vista estritamente comercial, as dezoito histórias de Conan empalidecem contra as trinta e sete histórias dedicadas a Steve Costigan, o marinheiro lutador do *Garota do Mar*[6] e os vinte e um contos dedicados a Breckinridge Elkins, de Bear Creek. Howard tinha o hábito de ir de um personagem para outro. Às vezes, depois de várias tentativas infrutíferas, ele de repente percebia que era incapaz de escrever convincentemente sobre esse personagem, como explicado antes.

Em raras situações, ele voltava a um personagem depois de vários meses, ou mesmo de um ano, mas essa era a exceção e não a regra. A esse respeito, Conan não era diferente das numerosas outras criações do texano.

---

[6] *Em inglês: Sea-Girl, é o nome do navio em que Steve Costigan trabalhava.*

Ele escreveu a última história de Conan — "Pregos Vermelhos"[7] — em julho de 1935, onze meses antes de sua morte. No ano anterior, ele dissera a Novalyne Price que estava "ficando um pouco cansado de Conan", que tinha outras aspirações e queria dedicar seu tempo a contos mais ambiciosos e, especialmente, a escrever sobre a história do sudoeste americano. Pode-se argumentar que as duas histórias de Conan compostas na época em que ele fez essas declarações, contos que quase todos os críticos classificam como os melhores da série: "Além do Rio Negro"[8] e "Pregos Vermelhos", são exatamente isso: histórias "sérias" (de Conan) estabelecidas em uma versão hiboriana do oeste americano, lidando com temas quintessenciais do Velho Oeste.

Por outro lado, observou-se que, quando Howard lançava uma nova série, os primeiros contos eram geralmente muito mais originais e cativantes do que os que se seguiriam (talvez pelas razões acima delineadas). Os contos de Conan, no entanto, não seguem essa regra: eles são caracterizados por um alto nível de qualidade, exceto por um período de cinco meses, entre o fim de 1932 e início de 1933, quando Howard, repentinamente confrontado por uma situação financeira particularmente difícil, viu-se forçado a ganhar dinheiro o mais rápido possível e assim escreveu contos de Conan que ele sabia que venderia imediatamente (e propensos a pegar uma ilustração de capa).

Não demorou muito para que Howard percebesse que Conan poderia se tornar uma máquina de dinheiro quase instantânea, um "*ganha-pão*", como seria algum tempo depois. Uma vez de volta à sua segurança financeira, Howard voltou a escrever histórias Conan mais ambiciosas ou experimentais, e até começou a brincar com os códigos que ele próprio criara dois anos antes com "A Fênix na Espada".[9]

Por fim, pode-se supor que Howard deixou de escrever histórias de Conan *apenas* porque a *Weird Tales*,[10] a revista *pulp* em que as histórias surgiram, estava cronicamente atrasada em seus pagamentos (às vezes

---

[7] *Título original: "Red Nails".*

[8] *Título original: "Beyond the Black River".*

[9] *Título original: "The Phoenix on the Sword".*

[10] *Weird Tales (Contos Estranhos) foi uma revista pulp americana de fantasia e horror criada por J. C. Henneberger e J. M. Lansinger no final de 1922. A primeira edição, datada de março de 1923, apareceu nas bancas em 18 de fevereiro. O primeiro edi-*

mais de um ano após a publicação) devido a estar em situação financeira muito instável. A sabedoria convencional é que, se a *Weird Tales* tivesse pago bem e dentro do prazo, Howard teria continuado a escrever conto após conto com o cimério.

Mas ele poderia ter oferecido o personagem — ou um clone dele — para outra revista. Ele havia feito isso no passado, quando a *Street & Smith* pedira por Steve Costigan, seu marinheiro pugilista. Mas como a *Fight Stories* queria manter Costigan, Howard criara uma nova série estrelando um personagem similar para a competição. Também aconteceu depois, quando Howard criou não um, mas dois clones de seu personagem best-seller Breckinridge Elkins. Mas ele não fez isso com Conan, como se simplesmente estivesse superando seu interesse pela fantasia. Um mês antes de sua morte, Howard escreveu: "Acho cada vez mais difícil escrever qualquer coisa além de contos do oeste... Se eu puder fazer uma série para a *Argosy*, manter a série de Elkins na *Action Stories*, agora mensal, e os contos de Buckner J. Grimes na *Cowboy Stories*, vou me sentir justificado em dedicar praticamente todo o meu tempo à escrita de histórias do velho oeste. Sempre senti que, se alguma vez conseguisse algo de valor no campo literário, seria com histórias que tratam da fronteira central e ocidental."

Tudo isso nos leva a acreditar que o cimério era apenas um dos muitos personagens da carreira de Howard, um especial de fato, mas um que se tornou, em 1936, uma criação pertencente ao passado literário de Howard. Exatamente como "aconteceu no passado com todas as [suas] numerosas criações".

---

tor, Edwin Baird, publicou os primeiros trabalhos de H. P. Lovecraft, Seabury Quinn e Clark Ashton Smith, que viriam a ser escritores populares, mas dentro de um ano a revista estava com problemas financeiros. Henneberger vendeu seu interesse na editora Rural Publishing Corporation para a Lansinger e refinanciou a Weird Tales, com Farnsworth Wright como novo editor. A primeira edição sob o controle de Wright foi datada de novembro de 1924. A revista teve mais sucesso com Wright e, apesar dos ocasionais contratempos financeiros, prosperou nos quinze anos seguintes. Sob o controle de Wright, a revista viveu até obter seu subtítulo, "A Revista Ímpar", e publicou uma vasta gama de ficção incomum. As pulps eram revistas de ficção de baixo custo que foram publicadas entre 1896 e 1950. O termo pulp deriva do papel barato de polpa de madeira em que as revistas eram impressas. Em contraste, as revistas impressas em papel de alta qualidade eram chamadas de "glossies" (brilhantes) ou "slicks" (lisas). A revista típica pulp tinha 128 páginas; 18 cm de largura por 25 cm de altura e 1,3 cm de espessura, lombada quadrada, com bordas irregulares e não aparadas.

4. Howard teve uma infância infeliz.

Foi Lyon Sprague de Camp,[11] na época editor das histórias de Conan (publicadas pela Lancer e depois pela Ace Books), e o primeiro biógrafo de Howard, que criou e popularizou a ideia dos infernais primeiros anos de Robert E. Howard: um menino frágil, na maioria das vezes doente, e que, vítima constante de *bullying* na escola, corria de volta para casa para encontrar consolo e proteção com sua mãe. Na verdade, este é o pilar sobre o qual *Dark Valley Destiny* (1983)[12], a biografia escrita por L. Sprague e Catherine Crook de Camp, dedicada a Howard, é construída. O livro foi uma impressionante operação de sabotagem projetada para descrever Howard como um indivíduo desajustado e defeituoso, justificando assim a necessidade de um editor capaz de assumir as rédeas da série Conan. Que o dito editor seria o próprio de Camp era pura coincidência, claro! A pesquisa acadêmica das últimas três décadas mostrou que as conclusões obtidas pelos de Camp[13] não eram apenas errôneas (o que acontece com todos), mas que os fatos eram frequentemente distorcidos e, às vezes, inventados (quando não conseguiam encontrar elementos que dessem suporte às suas teorias preconcebidas). Howard era, portanto, uma criança "frágil e doente"... conclusões que estavam sempre nas perguntas que os de Camp faziam aos entrevistados. Eles continuavam pedindo confirmação de que Howard foi um bebê e uma criança doente. O que deveria ter sido, na melhor das considerações, uma hipótese de trabalho, foi martelada como uma afirmação. (Os de Camp precisavam de uma infância infeliz para explicar a proximidade entre mãe e filho, que levaria a um apego edípico, que por sua vez explicaria o suicídio de Howard.) No entanto, nenhum de seus entrevistados conseguia lembrar a juventude doente que os de Camp descreveram. Kate Merryman, que cuidou extensamente de Hester Jane Howard durante seus últimos meses, uma mu-

---

[11] *Lyon Sprague de Camp (27 de novembro de 1907 - 6 de novembro de 2000), mais conhecido como L. Sprague de Camp, foi um escritor americano de ficção científica, fantasia e não-ficção.*

[12] *Algo como "Vale Sombrio do Destino". Inédito no Brasil.*

[13] *L. Sprague de Camp e sua esposa, Catherine Crook de Camp, (6 de novembro de 1907 – 9 de abril de 2000).*

lher com quem a Sra. Howard conversou longamente, foi uma das duas principais informantes dos de Camp sobre os primeiros anos de Howard. A Sra. Merryman disse repetidamente aos de Camp que nunca ouvira a Sra. Howard dizer que seu filho fora doente e frágil. Na versão publicada, os de Camp disseram que Merryman disse que Howard era uma criança doente, e a nota de rodapé remete o leitor a uma entrevista na qual ela diz exatamente o contrário. (A fabricação foi descoberta há apenas alguns anos, quando os documentos dos de Camp foram disponibilizados aos pesquisadores.)

O mesmo cenário se repete quando os de Camp discutem os primeiros anos de Howard: "Frágil, introvertido e olhando para sua mãe em busca de proteção, Robert era um alvo natural para os valentões. Mesmo antes da abertura da escola, todos os dias assistia a uma série de encontros aterrorizantes, que variavam da mera malvadeza à inquisitorial. Ele não podia sair do seu quintal por medo de ser atacado." O primeiro problema nesse parágrafo é que ele não é baseado em nada: nenhum entrevistado, carta ou documento de qualquer tipo sugere qualquer coisa remotamente próxima a isso. Os "encontros aterrorizantes" foram inteiramente inventados pelos de Camp, que admitiram que muito sobre o início da vida de Howard teve que ser "reconstruído". Quanto a Howard sendo intimidado na escola quando era uma criança muito pequena, isso nunca aconteceu. As últimas dúvidas foram esclarecidas há alguns anos quando se descobriu que Howard não começou a escola até 1914, aos oito anos, não porque estivesse "assustado" ou que "deixar o avental de sua mãe" fosse uma experiência horripilante, mas porque a escola começava quando você tinha oito anos de idade em Bagwell, Texas, onde os Howards viviam na época. E embora não tenhamos informações reais sobre o que aconteceu na escola Bagwell, sabemos que não durou muito: algumas semanas depois, em janeiro de 1915, a família Howard se mudou para Cross Cut, no condado de Brown. Deste período em diante, temos os testemunhos de várias pessoas. Howard tornara-se um ávido leitor, mas também gostava de brincar com os amigos e era quase sistematicamente descrito como aquele que escrevia os cenários de todos os seus jogos. Então, algumas experiências desagradáveis em sua pré-adolescência, algumas observações sarcásticas por ele ter desenvolvido um gosto pela leitura em uma região onde isso era bastante incomum? Talvez. Mesmo provável.

Howard adolescente demonstrando sua forma de luta.

Uma criança frágil e doente cuja infância era uma série interminável de pesadelos? Uma pura invenção dos de Camp.

5. Howard foi um recluso.

Howard passou boa parte do seu tempo em casa, porque era escritor, provavelmente a profissão mais sedentária do mundo, o que provavelmente é responsável pela imagem mental de um Howard acorrentado à sua casa. Na verdade, Howard viajou muito, cobrindo grandes distâncias em seu estado natal, o Texas, cujo tamanho deve ser considerado. Quando H.P. Lovecraft, por exemplo, ia de Providence a Quebec, ele cobria menos milhas do que Howard durante muitas de suas viagens dentro do Estado da Estrela Solitária. Quando acrescentamos suas estadas em Nova Orleans, Novo México, Oklahoma, Missouri e Arkansas, temos que concluir que Howard viajou mais do que muitos de seus contemporâneos, especialmente aqueles que moraram na mesma região que ele. Além disso, a família Howard tinha vivido em muitas áreas do Texas antes de se estabelecer no condado de Callahan.

Longe de ser um recluso, Howard adorava viajar. Enquanto ele teve que trabalhar em casa e, durante os últimos anos de sua vida, estar presente para ajudar a cuidar de sua mãe doente, suas viagens se tornaram ao mesmo tempo mais numerosas e mais ambiciosas, tão logo ele esteve em posição de comprar seu próprio carro. Ele adorava descrever suas expedições de três ou de uma semana em suas cartas para Lovecraft ou August Derleth, cobrindo um número impressionante de milhas em apenas alguns dias. Longe de ser um obstáculo, sua profissão deu a ele uma liberdade que poucos têm: trabalhar quando quisesse e tirar férias ou fins de semana prolongados, quando ele se sentisse disposto (e pudesse pagar, é claro). Howard não tinha patrão, não tinha rotina das nove às cinco e era o único a decidir quanto queria ganhar. Novalyne Price, com quem ele namorou em meados da década de 1930, explicou que ele gostava particularmente de conversar com os moradores locais e os veteranos das localidades que visitavam. Ele adorava ouvir as histórias e as lendas do velho oeste, dos tempos pré-guerra, das guerras indígenas, etc. Tais viagens e encontros forneciam-lhe muitas ideias e materiais para seus últimos contos. Sua visita às cavernas Carlsbad, por exemplo, inspirou o passado de um conto de Conan, e veremos mais tarde como sua impressão de Lincoln, Novo México, onde ocorreu a famosa Guerra do Condado de Lincoln, desempenhou um papel crucial na gênese de sua obra-prima de Conan, "Pregos Vermelhos".

6. Howard ganhou mais dinheiro do que o banqueiro da cidade.

Qualquer um que tenha lido mais do que alguns parágrafos sobre Howard não pode ter perdido uma referência a Howard como um escritor de sucesso, com a observação inevitável de que ele ganhou mais dinheiro do que o banqueiro da cidade. O que sabemos com certeza é que os ganhos de Howard aumentaram rapidamente entre 1927 e 1928, quando ele tornou sua profissão em algo sério, e que os números permaneceram bastante altos até 1931. Em 1932, a recessão afetou severamente sua renda, quando várias *pulps*[14] às quais ele estava vendendo sua produção faliram, privando-o de fontes de renda regular e semi-regular: *Fight Stories* e *Action Stories*, nas quais apareceram suas bem-humoradas histórias de boxe e *Strange Tales of Mystery and Terror*,[15] um mercado recente, mas promissor, concorrente direto da *Weird Tales*.

A renda de 1932 e o início de 1933 caíra, mas começou a dar um giro impressionante para melhor no final de 1933, alguns meses depois de Howard contratar um agente em uma base não exclusiva. 1934 foi um ano excepcional, superado apenas por 1936, embora Howard tenha morrido em junho deste último. Nas semanas que antecederam sua morte, ele conseguiu — finalmente — ser publicado na prestigiosa *Argosy* com uma promessa de vendas regulares, tinha um agente que estava firmemente convencido de seu futuro promissor, e ele estava repetidamente tentando entrar no mercado britânico, o que faria, embora postumamente, com a venda do romance *A Gent from Bear Creek*[16] no final de 1936. Temos uma boa ideia de quanto dinheiro Howard ganhou com a venda de suas

---

[14] *Publicadas de 1896 ao final dos anos 1950. O termo "pulp" deriva do papel barato de polpa de madeira em que as revistas foram impressas.*
[15] *"Contos estranhos de mistério e terror".*
[16] *"Um cavalheiro de Bear Creek".*

histórias por todos os anos da sua vida, embora alguns números não sejam conhecidos com exatidão. Apesar de a *Weird Tales*, a revista pulp em que ele construiu sua carreira, estar cronicamente atrasada e lhe dever mais de US $ 1.300 na época de sua morte, tudo mostra que Howard ganhou muito, muito mais do que o morador médio de sua cidade, Cross Plains. Norris Chambers, nascido em 1918 e um jovem quando Howard morreu, explicaria mais tarde que a maioria dos habitantes da pequena cidade ganhava entre três e oitocentos dólares por ano naqueles tempos. Howard esteve muito acima disso todos os anos de sua vida profissional.

Por outro lado, não sabemos quanto ganhava o "banqueiro". Os dois bancos da cidade foram fechados em 1931, com um reabrindo alguns meses depois sob um novo nome, mas é improvável que o presidente fosse um morador local. O "banqueiro" aludido provavelmente era o responsável pela agência local. Não temos ideia de quem ele era e, portanto, não há como saber quanto ele ganhou. Ou mesmo se havia apenas um banqueiro. A fonte da anedota nunca foi rastreada.

> *"Robert Howard encontrou uma bolsa nas ruas na semana passada, contendo cinquenta dólares, e ele imediatamente partiu em busca do dono. C. D. Henson de Cross Cut era o homem, e ele logo recebeu a bolsa e o dinheiro de volta. Isso é honestidade como a definimos."*
>
> ***The Cross Plains Review**, 23 de dezembro de 1927*

7. Robert E. Howard morreu virgem.

A questão de Howard e suas relações com as mulheres em geral tem sido um assunto confuso por causa, mais uma vez, dos escritos biográficos de L. Sprague de Camp, que promoveram a ideia de um Howard afligido por um caso clássico de patologia do complexo de Édipo. Como consequência, o jovem texano só poderia ser eminentemente casto, tímido ao extremo com as mulheres, e assim morreu antes de experimentar a "pequena morte".

Quando estava sendo submetido a um exame médico em 1930,

Postal de Howard para seu amigo Harold Preece mostrando a alfândega em Piedras Negras, uma cidade fronteiriça mexicana conhecida por seus bordéis legalizados.

Howard explicou ao médico que havia sentido seus primeiros impulsos sexuais quando tinha "19 ou 20 anos". Esses interesses despertos curiosa — e logicamente — encontraram espaço em seus escritos começando em 1925 (quando Howard tinha 19 anos) com "Cabeça de Lobo"[17], uma aventura desenfreada de fantasia, da qual alguns episódios parecem ecoar tentativas recentes e desajeitadas de Howard em seduzir a mulher um tanto "adiantada" que um de seus melhores amigos estava namorando na época. Howard há muito vinha dizendo que não tinha interesse em namorar garotas, talvez por causa de uma excessiva timidez na adolescência ou devido a um temperamento (demasiado) cavalheiresco (para ser honesto). Alguns até se aventuraram a ver no casto Kull de Atlântis[18] (criado entre 1926 e 1927) uma projeção do próprio Howard, mas assim como os interesses românticos começaram a se tornar um marco nas histórias de Kull em 1928, os interesses inconstantes de Howard são óbvios para qualquer um que tenha lido suas cartas daquele período. É, portanto, mais do que provável que o turismo não tenha sido a principal preocupação de Howard quando passou alguns dias no México no início de junho de 1928, e especialmente em *Piedras Negras*, a cidade fronteiriça então preferida por muitos jovens americanos do sexo masculino, numa época em que era prática comum descobrir a sexualidade com uma profissional contratada. Claro, ninguém jamais escreveria sobre a experiência real, mas Howard não fazia mistério sobre o que a cidade tinha a oferecer em termos de prazeres em uma carta a Clyde Smith. Nas semanas que se seguiram, as cartas de Howard tornaram-se repletas de poemas e textos que vagueavam do indecente ao erótico e, até mesmo, por algumas linhas, ao pornográfico. Se é impossível determinar se isso deve ser interpretado como um "interesse pronunciado" ou o resultado da descoberta do sexo, não se pode negar que o Howard de 1928 tinha muito pouco em comum com seu eu mais jovem nesse aspecto.

No final daquele ano, Howard chocou seus amigos intelectuais quando anunciou que estava muito interessado em uma jovem que ele apelidou

---

[17] *Título original: "Wolfshead".*

[18] *Sobre a preferência pelo uso do termo "Atlântis" em vez de "Atlântida" em nossa tradução, favor consultar a nota explicatória na introdução de "O Reino das Sombras", Red Dragon Publisher, maio de 2017.*

de a "loira diabólica". O episódio, narrado por de Camp, é infinitamente casto: Howard, tendo se apaixonado, matriculou-se na escola dominical para que pudesse ver a menina dos seus sonhos regularmente e, talvez, revelar sua chama. Cinquenta anos depois do fato, quando de Camp entrevistou Ruth Baum, supostamente a mulher em questão, foi a vez dela se surpreender: nunca tinha notado que Howard estava interessado nela. Havia três pequenos problemas com essa conclusão: Ruth Baum já era casada em 1928, era morena e morava em Brownwood, não em Cross Plains. A única razão pela qual ela nunca tinha notado nada era simplesmente porque Howard não tinha qualquer interesse romântico por ela, um fato que de Camp não tinha visto ou não queria ver. As intenções de Howard em relação à "loira diabólica", quem quer que fosse, eram muito

Em 1926, o artista encarregado de desenhar a capa de Weird Tales ilustrando "Cabeça de Lobo" extraviou o texto datilografado que ele estava usando como material de referência. O editor-chefe Farnsworth Wright imediatamente pediu a Howard que enviasse sua cópia carbono, se estivesse à mão, para que a história pudesse ser tipografada.[19] *Howard, longe de ser um profissional talentoso na época, não tinha feito uma cópia carbono. (O que passaria a fazer, quase sistematicamente, após este incidente). Ele se ofereceu para reescrever a história de "suas anotações" (ou seja, sua memória) e assim fez. O original datilografado foi finalmente localizado (menos a primeira página) e "Cabeça de Lobo" foi capa na edição de abril de 1926. Por sorte, Howard tinha uma memória eidética. Um amigo lembrou-se de como ele era capaz de recitar "Rhyme of the Ancient Mariner",*[20] *de Coleridge, depois de tê-lo lido apenas duas vezes.*

---

[19] *"Nas antigas impressões o texto era montado em uma plataforma com os "tipos gráficos" (letras em relevos confeccionadas em madeira, barro ou ferro) para depois ser prensada sobre o papel.*

[20] *"Rima do Antigo Marinheiro".*

menos pudicas do que aquilo em que fomos levados a acreditar.

Howard teve um relacionamento sério em sua vida, com Novalyne Price, com quem namorou de agosto de 1934 a meados de 1935, seguido por um período tenso de relações desajeitadas, e que foi a base para *One Who Walked Alone*,[21] que registra as memórias de Novalyne, publicado em 1986, escrito a partir do diário que ela manteve naqueles anos. Seu marido, William, ainda estava vivo na época, o que pode explicar por que o livro não elabora os momentos mais íntimos que ela e Bob tiveram. Mais tarde, ela admitiria que Howard era um beijador muito bom, por exemplo. O relacionamento era sério o suficiente para que ambos tivessem pensamentos sobre casamento, embora nunca ao mesmo tempo.

Howard e as mulheres? A resposta curta é que todas as evidências indicam que Bob Howard não era nada mais, nada menos que um homem de sua época.

8. Howard foi simpatizante em relação ao fascismo.

Seria difícil encontrar algo que Howard odiasse mais que fascismo. Nascido e criado nas décadas de 1920 e 1930, no Texas semirrural e severamente atingido pela Grande Depressão, Howard era cauteloso com todas as formas de sistema organizado, e o fascismo não era uma exceção à regra. Ele repetiu isso muitas e muitas vezes em sua correspondência com H. P. Lovecraft, cujos pontos de vista sobre o assunto eram bastante divergentes, como atesta essa passagem da missiva de dezembro de 1934: "Você me acusa de 'odiar o desenvolvimento humano' porque desconfio do fascismo... Mas você não pode provar que o fascismo não é mais que um despotismo sórdido e retrógrado, que esmaga a liberdade individual e estrangula a vida intelectual de todos os países que ele inflige com sua presença viscosa." Seria difícil ser mais direto ao ponto.

Não que isso signifique que Howard não fosse racista. Ele era, como a maioria de seus contemporâneos, culpado por aquele racismo cotidiano e casual (alguns diriam racialismo) que prevalecia naquela época, especialmente em áreas rurais e semirrurais, expressando visões que infeliz-

---

[21] *"Aquele Que Caminhou Só", inédito no Brasil.*

mente eram muito comuns. Em comparação com a maioria de seus concidadãos, ele era certamente mais progressista (incapaz de entender, por exemplo, uma lei local que impedia que uma "pessoa de cor" visitando a área passasse a noite no condado). Mas resta que várias passagens em sua correspondência e em algumas histórias são desprovidas de qualquer ambiguidade quanto às visões abertamente racistas de seu autor.

O que é impressionante no caso de Howard, porém, é como suas ideias sobre a questão evoluíram. Elas não mudaram porque ele se encontrou cada vez mais em contato com pessoas de um país, credo ou cor diferente — simplesmente não havia tal diversidade em Cross Plains —, mas por causa das implicações de suas posições políticas e filosóficas. Confrontado com a erudição de Lovecraft, Howard articulou lentamente suas próprias posições filosóficas, citando a liberdade individual como o primeiro e mais importante dos princípios, antes de qualquer consideração econômica, patriótica ou mesmo racial. Sem tentar encobrir Howard e exonerá-lo, teremos uma boa ideia de suas inclinações políticas e morais mais para o final de sua vida com o seguinte extrato, que precisa de alguma contextualização: Em 1935, como eles ainda estavam discutindo os méritos do barbarismo vs. civilização em seu longo debate de três anos sobre o assunto, Lovecraft professou sua admiração pelo fascismo e por Mussolini. A resposta de Howard foi particularmente contundente:

> "Você expressa espanto com a minha afirmação de que homens 'civilizados' tentam justificar seus saques, massacres e pilhagens alegando que essas coisas são feitas no interesse da arte, do progresso e da cultura. Que essa simples declaração de fato cause surpresa, me surpreende em retorno. As pessoas que afirmam possuir uma civilização superior sempre usaram sua rapacidade com tais alegações. Você diz que algumas guerras são travadas em defesa da civilização. Você pode citar uma recente? Seria a Guerra Mexicana em que uma cultura latina foi simplesmente substituída, em algumas regiões, por uma cultura anglo-saxônica? Seria a Guerra Civil, em que uma oligarquia agrícola foi esmagada por uma oligarquia industrial? Seria a Guerra Hispano-Americana em que nossos capitalistas tomaram uma ilha por sua riqueza em açúcar? Ou foi a Guerra Mundial em que os alemães massacraram para expandir a

Kultur[22] e os Aliados lutaram para 'tornar o mundo seguro para a democracia'? (e incidentalmente para proteger os investimentos europeus de *Wall Street*.) Ou seria a atual disputa na África, onde os *wops*[23] estão civilizando os etíopes ignorantes com gás venenoso e balas dum-dum?

"Eu acho difícil entender sua surpresa porque eu digo que os homens civilizados sempre reivindicam os mais altos motivos, mesmo quando perpetram as atrocidades mais infames... Seu amigo Mussolini é um exemplo impressionante dos dias modernos. Naquele discurso que ouvi traduzido, ele falou com sentimento sobre a expansão da civilização. De tempos em tempos, ele anunciou: 'A espada e a civilização andam de mãos dadas!' 'Onde quer que a bandeira italiana ondule, ela será um símbolo de civilização!' 'A África deve ser trazida para a civilização!' Não é, claro, por causa de qualquer motivo egoísta que ele invadiu um país desamparado, bombardeando, queimando e intoxicando com gás tanto combatentes quanto não-combatentes aos milhares.

Oh, não, de acordo com suas próprias asserções, é tudo no interesse da arte, cultura e progresso, assim como os senhores da guerra alemães estavam determinados a conferir as vantagens da *Kultur* teutônica em um mundo ignorante, pelo fogo, chumbo e aço. As nações civilizadas nunca, nunca têm motivos egoístas para massacrar, estuprar e saquear; apenas os bárbaros horríveis os têm. Quando os belgas mutilaram vários milhares de negros do Congo, isso também foi em defesa da civilização. Quando a Alemanha surgiu na Bélgica indefesa, também defendia a civilização, representada por eles mesmos. Mas os Aliados também defenderam a civilização. Cada lado alegou ser o único defensor da civilização naquela carnificina. Você diz que 'os frutos da civilização devem ser preservados a todo custo'. Quem está tentando roubar esses frutos? Os etíopes?"

---

[22] *"Kultur: civilização e cultura alemãs (usada de forma depreciativa para sugerir elementos de racismo, autoritarismo ou militarismo), que é, precisamente a intenção de Howard.*

[23] *Wop é um insulto, um termo pejorativo para italianos ou pessoas de ascendência italiana.*

"Otis e Dorse Odom têm dois meninos negros, com cerca de 37 anos, trabalhando para eles e os meninos são bons trabalhadores e ficam estritamente em seus lugares e são obedientes e educados. Há um preconceito contra os negros no condado de Callahan, mas, por minha vida, não vejo por que, desde que eles se comportem adequadamente e permaneçam no lugar de um negro. Não podemos utilizar o seu trabalho, as mãos trabalhadoras são escassas e preciosas. Mas dê ao homem branco a preferência, considerando todas as coisas."

***The Cross Plains Review**, 5 de março de 1915*

9. Howard escreveu um poema antes de cometer suicídio.

All fled, all done; so lift me on the pyre
The feast is over, and the lamps expire.[24]

O verso acima foi encontrado na máquina de escrever de Howard alguns minutos depois de seu suicídio, quando Jack Scott, jornalista do Cross Plains Review, estava chegando ao local. Scott mais tarde indicaria que o Juiz de Paz tinha perguntado a ele o que o poema significava, ao que Scott respondeu: "Eu acho que isso significa que ele se matou".

A anedota era bonita e cheia de romantismo sombrio. Bonita demais.

O problema é que, dos cerca de trinta artigos da imprensa contemporâneos e de um número igual de cartas sobreviventes trocadas por aqueles que estavam lá naquele dia fatídico, nenhum deles menciona a nota de suicídio. A primeira menção na imprensa local apareceu em 3 de julho, provavelmente por meio de Isaac Mordecai Howard, pai de Howard. Ele havia explicado em uma carta escrita alguns dias antes que aquelas poucas

---

[24] *"Tudo sumiu, tudo está feito; então ergam-me à pira.*
A festa acabou e as lâmpadas expiram."

linhas haviam sido encontradas não na máquina de escrever, mas em uma folha de papel dobrada e guardada na carteira do filho, encontrada no bolso de trás da calça. Isaac Howard acrescentou que estava convencido de que o verso havia sido escrito pouco antes do suicídio, embora não tivesse evidências para comprovar isso.

Há muito se pensava que as duas linhas foram parafraseadas, em parte, de um poema escrito pelo autor vitoriano Ernest Dowson. Essa foi a convicção de Farnsworth Wright assim que ele soube do suicídio e da nota. No entanto, a pesquisa mostrou que quase certamente foi inspirada por um par de versos de um poema de Viola Garvin, "*The House of Caesar*"[25]. Um dístico para uma nota de suicídio, ou apenas duas linhas rabiscadas apressadamente em um pedaço de papel (como Howard às vezes fazia isso) e ficou preso na carteira por semanas, ou talvez meses?

Howard não deixou nenhum bilhete de suicídio... mas um deles supostamente chegou até nós. Por outro lado, Howard provavelmente tinha deixado um testamento... mas este não estava fadado a chegar até nós.

Poucos dias depois de Howard tirar sua vida, seu pai, Isaac Howard, ajudado por uma mulher chamada Kate Merryman, estava ocupado colocando os papéis de Howard em ordem. A srta. Merryman tropeçou em um hológrafo, no qual Howard deixou todos os seus pertences e direitos, não para seu pai, mas para seu melhor amigo, Lindsey Tyson. Isaac Howard ordenou que Merryman nunca mencionasse o testamento a ninguém, o qual nunca mais seria visto. Paul Harrell, o advogado que cuidava de todos os papéis legais da família Howard, sabia do testamento, e como estava fadado a acontecer em uma cidade tão pequena, Tyson finalmente ouviu falar da história por Harrell, mas decidiu não agir sobre isso, e nunca mencionou o caso para o doutor Howard. Ele foi profundamente afetado pelo suicídio de seu melhor amigo, ainda mais que fora ele quem emprestara a Howard, sem saber, a arma com a qual ele se mataria.

[25] *"A Casa de César".*

"Com a idade de quinze anos, sem nunca ter visto um escritor, um poeta, um editor de livros ou de revistas, e tendo apenas as mais vagas ideias sobre o procedimento, comecei a trabalhar na profissão que escolhi."

— Robert E. Howard

Capítulo Dois
Biografia

Existem 39 fotos conhecidas de Robert E. Howard. Seis foram descobertas nos últimos anos, de duas fontes diferentes.

Robert Ervin Howard nasceu em 22 de janeiro de 1906 em Peaster, uma pequena cidade situada no condado de Parker, Texas. Ele era filho de Isaac Mordecai Howard (1871 - 1944) e Hester Jane Howard, nascida Ervin (1870 - 1936).

Hester Jane era filha de George W. Ervin, um homem enérgico que levava uma vida colorida. Ele foi casado duas vezes e teve dezesseis filhos, sendo Hester a nona e penúltima com a primeira esposa. Ela nunca conheceria sua mãe biológica, que morreu em 1874, quando Hester tinha apenas quatro anos. A família Ervin conseguiu, sob o ímpeto e senso de empreendedorismo de G. W. Ervin, se recuperar do golpe que a Guerra da Secessão havia dado em muitas famílias sulistas. Os irmãos e irmãs de Hester se tornariam, na maior parte, banqueiros, jornalistas, médicos... pessoas de afluência definitiva. Hester Jane passou seus primeiros trinta e três anos visitando amigos e parentes, nunca trabalhando um único dia. Amante da literatura e especialmente da poesia, ela gostava da companhia de pessoas igualmente bem-refinadas. Foi através de um de seus irmãos que conheceu o homem que se tornaria provavelmente seu primeiro pretendente sério, William Ezzell, jornalista e dono de jornal. Algum tempo depois, quando passava o tempo no elegante Mineral Wells, ela inesperadamente caiu sob o encanto de um médico rural sem dinheiro: Isaac Mordecai Howard.

A família Howard veio do Arkansas, onde residiram até 1885, antes de se mudarem para o Texas e se estabelecerem no condado de Limestone. Os irmãos e irmãs de Isaac Mordecai Howard estavam preparados para embarcar em uma vida de agricultura, mas Isaac tinha outras ambições: queria se tornar um médico. Ele vendeu sua parte da propriedade da família, provavelmente para financiar seu treinamento inicial. Não havia na época nenhuma legislação séria sobre a prática da medicina no Texas; a pessoa só era obrigada a comparecer perante uma comissão que decidiria se o candidato era qualificado o suficiente. O processo deveria ser repetido toda vez que o médico se mudasse e trocasse de município. Isaac Howard começou a praticar em 1899, em dois condados adjacentes, depois foi para o norte do Texas, alternando seu tempo entre o Estado da Estrela Solitária e os Territórios Indígenas. Se Isaac Howard foi para tão longe, provavelmente foi porque queria estar perto de sua irmã favorita, cujo marido estava cumprindo cinco anos na penitenciária por ter roubado mulas.

As escolhas de Isaac Howard são interessantes e bastante indicativas de seu caráter: ele quase sempre favorecia pequenas e até minúsculas localidades, mas que mostrasse um potencial definido: uma futura estação ferroviária, minerações, negócios petrolíferos promissores, novas estradas, etc. Ele adotaria essa estratégia até o momento em que (quase) decidiu a se instalar permanentemente na área de Cross Plains, em 1915.

Hester Jane e Isaac Howard não tinham quase nada em comum, vindos de mundos diametralmente opostos. Talvez seduzida pelo temperamento, a pura energia e a ambição do homem (qualidades que eram muito parecidas com as de seu pai, que havia morrido em 1900), Hester Jane Ervin cedeu aos avanços de Isaac Howard, e eles se casaram em 12 de janeiro de 1904.

Em 1906, poucos meses depois de terem feito de Peaster sua casa, seu único filho, Robert, nasceu. Várias semanas depois, a família mudou-se mais uma vez, para se estabelecer a algumas dezenas de quilômetros de distância, no minúsculo lugar chamado "*Dark Valley*"[26], que deixaria uma impressão duradoura em Robert - ou assim ele mesmo diria anos mais tarde. Uma vez que os Howards deixaram o Dark Valley quando Robert

---

[26] *"Vale Sombrio".*

tinha apenas dois anos, as "memórias" vívidas que ele afirma ter dos primeiros meses de sua vida são muito mais interessantes do ponto de vista psicológico do que biográfico. No final de 1907, Hester Howard teve um aborto espontâneo, um episódio que Howard nunca aludiu em nenhum documento que chegou até nós, o que não é de todo surpreendente, já que ele tinha o hábito de nunca discutir ou mesmo mencionar assuntos que eram realmente dolorosos para ele. Também pode ser que ele nunca tenha estado ciente da perda, mas só podemos ficar impressionados com a onipresença do tema do irmão ou irmã "perdida" em suas obras e cartas.

Nos anos que se seguiram, os Howards continuaram se movendo de um lugar para outro, embora sempre no Texas, às vezes ficando algumas semanas, na melhor das hipóteses alguns meses, em suas novas casas, provavelmente perseguindo o próximo arco-íris de Isaac Howard, sem sucesso real. Como era de se esperar, a legislação de licenciamento mudou em 1907 e tornou-se obrigatório que os médicos participassem de treinamento médico real. Isaac Howard antecipou a mudança e se matriculou no Gate City Medical College, em setembro de 1904, graduando-se em maio de 1905. No entanto, a faculdade estava localizada em Texarkana, longe do Parker County, onde Isaac Howard morava na época. Alguns anos depois, foi revelado que a Gate City College[27] era uma fraude, uma fábrica de diplomas, com a maioria de seus "alunos" seguindo os cursos "pelo correio" e recebendo seu "diploma" por US $ 50.

Os diplomas eram impressos em latim porque, como diria o reitor condenado, isso "os enganaria, por isso que os imprimimos em latim." Dadas as datas e locais, Isaac Howard estava provavelmente entre os muitos médicos que compraram seu diploma. Dito isso, ele nunca deixou de fazer cursos de pós-graduação durante sua carreira, às vezes indo até Dallas ou Nova Orleans, era assinante da literatura médica e era muito apreciado pelos habitantes de Cross Plains e sua vizinhança imediata, tanto que eles o elegeram "Cidadão do Ano" em 1935. Isaac Howard era um homem curioso, com sede de conhecimento. Entre seus interesses além da medicina comum, estavam a religião, a yoga (moda, na época), o hipnotismo e todas as formas de medicina alternativa.

Em janeiro de 1915, depois de vários meses em Bagwell, na parte nor-

---

[27] *Faculdade de Medicina de Gate City.*

deste do Estado da Estrela Solitária, Isaac Howard mudou-se mais uma vez, desta vez para Cross Cut, em Brown County, depois para Burkett, em Coleman County, em 1917, e eventualmente para Cross Plains, em Callahan County, em 1919. Apesar de estarem localizados em três condados, todos os três lugares eram realmente muito próximos uns dos outros. Isaac Howard, depois de anos vagando, estava se estabelecendo. Howard frequentara a escola em Bagwell (com oito anos de idade, uma vez que essa era a idade escolar), e chegou à décima série em Cross Plains, que era até onde a escola em Cross Plains poderia levá-lo. Ele foi para Brownwood, a cinquenta quilômetros de distância, para o último ano do ensino médio, graduando-se em maio de 1923.

O jovem Howard foi lembrado carinhosamente anos depois por seus amigos de Cross Cut e Burkett. Foi ele quem sempre os impressionou. Ele já tinha uma imaginação vívida, lia muito e era quem organizava todos os jogos infantis. O campo era o lugar perfeito para um menino brincar de faz-de-conta. Um dia, a empregada da agência dos correios de Burkett viu o jovem Howard e o encontro deixou uma impressão tão duradoura nela que ela escreveria sobre isso muitos anos depois: "Absortos na leitura, não percebemos a aproximação de um enorme cão preto e branco, usando uma coleira, que vinha descendo de uma saliência da rocha às nossas costas, nos assustando... Quase imediatamente ouvimos um chamado 'Venha, *Patches*,[28] Venha, *Patches*', e olhando para cima na direção da voz, vimos um rapaz de cerca de dez anos pulando uma cerca nas proximidades.... O mestre do cão veio em nossa direção e educadamente anunciou: "Eu sou Robert Howard, lamento se nós os assustamos. *Patches* e eu estamos em nosso passeio matinal. Gostamos de vir aqui onde há grandes rochas e cavernas para que possamos brincar de faz-de-conta. Algum dia eu vou ser um escritor e escrever histórias sobre piratas e talvez canibais. Vocês gostariam de lê-las?"

Desses primeiros anos na área, dois elementos são dignos de nota. O primeiro é a longa estada da família Howard em Nova Orleans, em 1918, por ocasião de um dos cursos de medicina de Isaac. Nova Orleans já era uma metrópole fervilhante de duzentos mil habitantes. A experiência foi um choque para o jovem Howard, que sempre viveu em comunidades

---

[28] *"Remendos"*.

Robert em um retrato de infância. Cerca de 1911

O garoto Robert.

O jovem Robert (esq.) com sua mãe, Hester, e seu pai, Isaac.

muito pequenas perdidas nas profundezas do Texas. Enorme, cosmopolita, Nova Orleans também era rica em sensações emocionantes: os Howards chegaram no dia seguinte ao oitavo assassinato do Axman, o *serial killer* que estava aterrorizando a cidade há mais de um ano. Anos depois, Howard ainda tinha boas lembranças das irmãs Durel, velhas criadas de origem francesa, na casa de quem ele e seus pais estavam hospedados; de Joe Rizza, um imigrante siciliano e seu bar de ostras; de um inquietante "mulato" negro-asiático; de pratos e cheiros exóticos e desconhecidos. Ele acabava de descobrir a civilização em grande escala.

Foi exatamente ao mesmo tempo que ele descobriu o oposto na forma dos "selvagens" mais elementares: os pictos. Passando algum tempo em uma biblioteca da *Canal Street*, ele encontrou um livro que tratava das primeiras eras da Grã-Bretanha e maravilhou-se com as páginas que tratavam das tribos pictas, notando, conscientemente ou não, o nome de uma delas: *Brân*. Um fascínio imortal por este povo nasceu.

Um segundo episódio com uma influência duradoura ocorreu no verão de 1921, quando Howard tropeçou em uma cópia de *Adventure*. A revista era, junto com a *Argosy*, a mais prestigiosa das *pulps*, entre as capas das quais se podia ler as histórias de todos os principais escritores do gênero: Rafael Sabatini, Harold Lamb, Talbot Mundy e outros. Howard nunca esqueceu o momento e relembrou anos depois, com óbvio prazer. Sua vocação para se tornar escritor realmente nasceu naquele momento, e o jovem texano imediatamente começou a compor seus primeiros contos para enviar à *Adventure*. Seu primeiro esforço não encontrou sucesso, como se pode supor. Ele tinha apenas quinze anos.

Mas ele não foi tão facilmente desencorajado. Durante os anos seguintes, começou dezenas de histórias, a imensa maioria das quais ele nunca completou, visivelmente escritas no impulso do momento e pela simples alegria de escrever. Influenciado pelos fanfarrões, aventuras e contos históricos que estava lendo, Howard criou seus primeiros "heróis": Bran Mak Morn, Frank Gordon (também conhecido como "*El Borak*"[29]), Steve Allison (o *Sonora Kid*), Steve Bender e outros. Outros escritos, mais polidos e contidos, foram publicados no colégio e nos jornais de Cross

---

[29] *El Borak (Al-Burāq), é um termo árabe que significa literalmente "o relâmpago" no sentido de rápido ou ligeiro.*

Plains e Brownwood, mas é claro que não eram trabalhos profissionais, nem pagos.

As amizades que Howard desenvolveu em seus dias de Cross Cut / Burkett / Cross Plains foram, para algumas delas, duradouras, pois eram aquelas com as quais ele tomava uma bebida ou passeava, assistia a uma partida de futebol americano ou praticava boxe. Por outro lado, seus amigos de Brownwood, especialmente Truett Vinson e Tevis Clyde Smith, nutriam aspirações literárias e / ou jornalísticas. Eles logo se tornaram seus amigos "intelectuais", em oposição aos de Cross Plains, relativamente falando.

A primeira edição da *Weird Tales* chegou às bancas em março de 1923. Foi a primeira revista a ser inteiramente dedicada a histórias do estranho, do sobrenatural e do inusitado. Agora lendária por si só, a *Weird Tales* foi, na maior parte de sua vida, uma publicação de segunda linha, quase sempre à beira do cancelamento, com problemas financeiros crônicos. Sabemos que Howard descobriu isso bem cedo, mas embora seja possível detectar, e muitas vezes rastrear, os empréstimos de Howard de suas leituras da *Adventure*, *Argosy* e os clássicos da ficção de aventura, nenhuma das histórias publicadas nos primeiros anos da *Weird Tales* parece tê-lo influenciado em seus próprios escritos em qualquer grau perceptível. Isso não é surpreendente, pois, dos oitenta e tantos contos e fragmentos juvenis de Howard que chegaram até nós, apenas quatro contêm um elemento de fantasia ou do estranho, dois dos quais são essencialmente contos de aventura, incluindo um tema de reencarnação.

No outono de 1924, Howard enviou uma história para *Weird Tales*. Intitulada "Lança e Presa"[30], a história ocorre durante os tempos pré-históricos e é desprovida de qualquer elemento ou atmosfera sobrenatural. A história agradou ao novo editor Farnsworth Wright, que a comprou por US $ 15 (ou US $ 16, dependendo da fonte). Estimulado por essa primeira aceitação, Howard aproveitou a ocasião e inundou a *Weird Tales* com novas ofertas, mas seria necessário anos antes dele se tornar um regular. Convencido de que sua carreira decolaria depois da publicação de "Lança e Presa", ele ficou amargamente desiludido.

---

[30] *Título original: "Spear and Fang".*

Os Três Mosqueteiros - Howard (esq.), Truett Vinson (centro) e Tevis Clyde Smith (dir.).

Howard (esq.) em posição de luta com seu amigo Dave Lee.

Entre 1923 e 1927, Howard trabalhou em uma série de pequenos empregos, experiências que eram tão curtas quanto inconclusivas. Matriculou-se na *Howard Payne Academy* em Brownwood, sem grande desejo de se formar. Ele contaria essa fase de sua vida nos finais de 1928 em um romance (parcialmente) autobiográfico finamente disfarçado, baseado no romance Martin Eden de Jack London, retratando-se como um aspirante a escritor que realmente não se dava os meios para se tornar um verdadeiramente profissional. Isaac Howard queria que seu filho seguisse seus passos, mas sem dúvida percebeu rapidamente que isso não aconteceria.

Logo após sua formatura na *Howard Payne*, em agosto de 1927, Howard fez um acordo com seus pais: eles o apoiariam financeiramente por um ano, enquanto ele tentava se tornar um escritor profissional autossustentável. Se ele falhasse, arrumaria um trabalho normal das nove às cinco.

Howard explicaria, anos mais tarde, que escolhera sua profissão — escrever — porque oferecia mais liberdade do que qualquer outro emprego e permitia que ele trabalhasse quando quisesse, não quando alguém lhe dissesse para fazê-lo. Ele disse uma vez: "A vida não vale a pena ser vivida se alguém pensa que tem autoridade sobre você." Já fazia quase um ano desde que ele havia escrito uma história quando ele fez aquele pacto com seus pais, mas foram as perspectivas de se tornar um contador que devem ter funcionado como o mais poderoso estímulo.

Ele então sentou-se, escreveu e vendeu sua primeira história ("A Cobra do Sonhos"[31]), depois conseguiu completar um conto em que vinha trabalhando há meses, sem jamais dar os retoques finais: "O Reino das Sombras"[33], o primeiro conto com Kull de Atlântis, que ele vendeu por incríveis US $ 100. Era uma pedra fundamental na história da literatura de fantasia, mas Howard não tinha ideia do que ele acabara de realizar para a posteridade. Ele estava apenas tentando se tornar um escritor e evitar uma vida que ele não queria. Uma terceira venda e uma série de poemas rapidamente seguiram "O Reino das Sombras". Foi preciso apenas algumas semanas após o pacto para lançar sua carreira.

No início de 1928, Howard escreveu um conto intitulado "Solomon Kane", que apareceria sob o título "Sombras Vermelhas"[33]. De muitas

---

[31] *Título original: "The Dream Snake".*
[32] *Título original: "The Shadow Kingdom".*
[33] *Título original: "Red Shadows".*

formas, essa história, repleta de elementos fantásticos, mas ocorrendo em um cenário histórico — ou quase histórico —, é tão importante quanto "O Reino das Sombras" na cristalização da fantasia moderna. A história se estendeu sobre todas as regras aceitas de ficção popular e *pulp*, e foi por esses motivos que o editor da *Argosy* rejeitou a história. Ele deve ter tido algum tipo de receio, porque sentiu a necessidade de justificar a rejeição em uma longa carta, sugerindo que Howard mudasse certos aspectos do conto. Howard não modificou uma palavra e a enviou para a *Weird Tales*, que a aceitou imediatamente, publicando seis meses depois, destacada na capa da revista. Apenas uma revista tão "fora dos trilhos" como a *Weird Tales* teria aceitado uma história tão atípica.

A confiança de Howard continuou crescendo. Os poucos meses decorridos desde o acordo com os pais haviam sido aparentemente suficientes para conter, para sempre, o espectro da contabilidade, o pavor de um trabalho de escritório e de um chefe fungando em seu pescoço.

Em 1927, ele conheceu Harold Preece, com quem iniciou uma correspondência. Preece era um *celtófilo*[34] ardente e um socialista. Foi ele quem transformou o interesse nascente de Howard nas coisas celtas, e mais especialmente gaélica, em uma verdadeira paixão. Enquanto tudo apontava para o contrário, Howard começou a sonhar consigo mesmo como um homem de estoque quase puramente gaélico, com "um toque do dinamarquês". Era como se ele estivesse exagerando a importância da linhagem Ervin (materna) para detrimento de seu patronímico puramente inglês. Sob esse presságio súbito, a ficção de Howard logo se tornou repleta de personagens de olhos azuis e pele escura, assim como os "irlandeses negros" dos quais ele agora se imaginava descendentes. Ele começou a adotar o nome "Costigan" (com algumas variações no primeiro ou último nome: Stephen, Steve, Mike, Cosvanan, etc.) para muitos de seus personagens, e às vezes ele mesmo. Tudo isso enquanto suas cartas de 1928 estão cheias de interrogações e reflexões sobre sua relação com o mundo (exatamente da mesma forma que seu personagem, Kull de Atlântis, que nessa época estava sendo confrontado por paranóia em "O Reino das Sombras", o *status* da realidade versus ilusão em "Os Espelhos de Tuzun Thune"[35], e a relatividade do tempo e espaço em "O Badalar

[34] *Amante de tudo relacionado à cultura celta.*
[35] *Título original: "The Mirrors of Tuzun Thune".*

do Gongo"[36]). Howard percebeu plenamente a extensão dessa influência celta em sua personalidade, por ocasião de uma noite memorável com amigos, entre os quais estava Harold Preece.

Foi também em 1928 que Howard começou a mostrar um interesse definido ao outro sexo. Enquanto seus amigos estavam acostumados a ver e considerá-lo como um cavaleiro de aço, eles ficaram chocados ao descobrir um "novo" Howard quando ele anunciou que estava muito interessado em uma "loira diabólica". Suas cartas para Clyde Smith se tornaram cheias de poemas obscenos e eróticos.

No lado profissional, ele fez sua primeira venda para um mercado diferente da *Weird Tales*. Sua primeira história de boxe, polvilhada com um toque de estranho, apareceu em *Ghost Stories*, mas foi no início de 1929 que a ficção de boxe lhe permitiu começar a ganhar dinheiro em uma base regular (ou pelo menos semirregular) com suas primeiras vendas para a *Fight Stories*, uma revista *pulp* inteiramente dedicada a histórias de ringue. Howard já era há muito tempo um devoto da doce ciência e um boxeador amador. Ele estava familiarizado com o meio, sua história e conhecia a mecânica de uma luta de boxe de dentro para fora. Assim, quando a editora Fiction House lançou a *Fight Stories* em meados de 1928, Howard apresentou uma história após outra, encontrando uma série de rejeições que não o desencorajavam. Eventualmente, após um longo processo de tentativa e erro, ele encontrou a fórmula certa, na pessoa de Steve Costigan, marinheiro e pugilista profissional. Combinando seus interesses em boxe, aventura e humor, Howard alcançou o objetivo mais elusivo: criar um personagem que fosse bem sucedido o suficiente para transformar alguns contos em uma série regular, com a renda (quase) garantida que viria disso.

1928 e o primeiro semestre de 1929 foram tempos de experimentações literárias com quase todos os gêneros possíveis, mesmo aqueles em que ninguém esperaria que Howard aparecesse: os *westerns* (nos quais ele quase não tinha interesse na época), "verdadeiras" confissões, ficção realista e autobiográfica, e fatias da vida. Ele também escreveu uma enorme quantidade de poesia. Mais de setecentos poemas chegaram até nós e sabemos

---

[36] *Título original: "The Striking of the Gong".*

A primeira venda profissional de Howard, "Spear and Fang" (Lança e Presa) foi publicada na edição de Julho de 1925 da Weird Tales.

que dezenas, talvez centenas, foram perdidos ao longo dos anos. Firmemente enraizado na tradicional forma de poesia da escola anglo-saxônica, Howard logo percebeu que não havia mercado real para seus poemas, especialmente para seus mais amargos. A *Weird Tales* publicou alguns deles, assim como algumas outras publicações amadoras e semiamadoras.

Em 3 de maio de 1929, o *Cross Plains Review* publicou esta intrigante notícia: "Dr. I. M. Howard partiu na quarta-feira desta semana para Spur, no Texas, para onde foi com a intenção de localizar-se provisoriamente para a prática de sua profissão. Se o clima dessa localidade for mais agradável à sua saúde, ele poderá torná-la um local permanente; caso contrário, ele anuncia, retornará a Cross Plains." Spur está a cento e cinquenta quilômetros de Cross Plains. As razões para esta mudança permanecem misteriosas até hoje. Talvez ele estivesse de fato doente (embora isso seja bastante duvidoso), talvez ele sentisse a necessidade de uma "desculpa" para justificar sua saída da cidade, talvez houvesse problemas na casa dos Howards, mas é claro que essas outras razões nunca teriam chegado ao jornal local. Parece que as relações entre Hester e Isaac nunca foram tão boas, e que ela estava recriminando o marido por sua escassa renda. Ela que passara a maior parte de sua vida em opulência e refinamento, agora vivia como uma reclusa em uma pequena cidade isolada no Texas. Se todos em Cross Plains, mais tarde, se lembrariam de Doc Howard, sempre visitando seus pacientes, devorando tudo o que tinham à mesa, então Hester Jane Howard seria uma cifra ou uma quantidade desconhecida, e o número de convidados à casa dos Howards parece diminuir ao longo dos anos.

Dois meses depois, em 5 de julho, o *Cross Plains Review* anunciou que "Dr. Howard está voltando para Cross Plains... Os muitos clientes e amigos do médico estão satisfeitos por ele ter decidido voltar a Cross Plains." Poucos dias depois, foi a vez de Robert Howard sair de casa para se estabelecer em Brownwood. Aqui, novamente, simplesmente não sabemos se o retorno do pai causou a partida do filho, ou o inverso, se Hester Jane esteve sozinha por pouco tempo ou não, e mesmo se algum desses eventos estivessem relacionados. A hipótese mais provável, embora não apoiada por nenhuma evidência, é que Howard estava se considerando um profissional em tempo integral e queria voar com suas próprias asas. Brownwood foi a escolha lógica, já que não estava longe, tinha todas as instalações que um escritor precisava, incluindo grandes bibliotecas, e era onde Vinson e Clyde Smith moravam. Além disso, seria mais fácil para Howard ser quem ele era em Brownwood. Muitos em Cross Plains o viam como o "esquisito da cidade" e tinham dificuldade em entender que viver da escrita era um trabalho "real". Quanto às capas chocantes da *Weird Tales*, elas não eram do gosto de todos. Não demorou anos, mas décadas, para Cross Plains abraçar Howard como um dos seus.

A carreira de Howard ainda estava em ascensão e sua confiança cresceu aos trancos e barrancos: "Na minha volta, encontrei uma missiva da *Adventure*, com uma ou duas linhas do editor assistente, dizendo-me para enviar mais alguns dos meus trabalhos, e logo depois, eu recebi uma carta da *Argosy*, aceitando a história sobre a qual lhe falei. Eles disseram que ainda era muito longa, mas que cortariam e fariam as mudanças necessárias. No dia seguinte ao recebimento da carta, recebi um cheque de US $ 100. Também uma carta da *Weird Tales* com as amostras de páginas de uma história que aparecerá na próxima edição. Farnsworth disse que pretendia publicar um soneto na próxima edição e depois "O Reino das Sombras", que é uma história de US $ 100, depois uma história mais curta. Acredito que ele esteja pavimentando o caminho para publicar a série que eu o vendi, mas é claro que posso estar errado." Muito longe do escritor aspirante, cheio de dúvidas, dos anos anteriores, de fato.

Nós não sabemos muito sobre a vida de Howard em Brownwood; logicamente, já que seu principal correspondente, Tevis Clyde Smith, era um residente de Brownwood. Pode-se supor que o *crash* da bolsa de valores de 1929 e suas consequências foram fatores que fizeram Howard se mudar de volta para Cross Plains logo após o Natal, embora, novamente, simplesmente não temos certeza.

A carreira de Howard tomou um novo rumo no início de 1930, quando ele soube que estava para ser publicado em duas novas revistas *pulps* que estavam chegando, e que ofereciam uma possibilidade muito real de dobrar sua renda: *Strange Stories* e *Oriental Stories*, ambas as revistas seriam lançadas pela mesma empresa que publicava a *Weird Tales*, poupando-lhe a necessidade de construir sua reputação.

A *Strange Stories* seria dedicada a contos de aventura e história, com apenas um toque do estranho. Em questão de semanas, Howard escreveu três histórias que foram de tremenda importância em sua carreira, todas

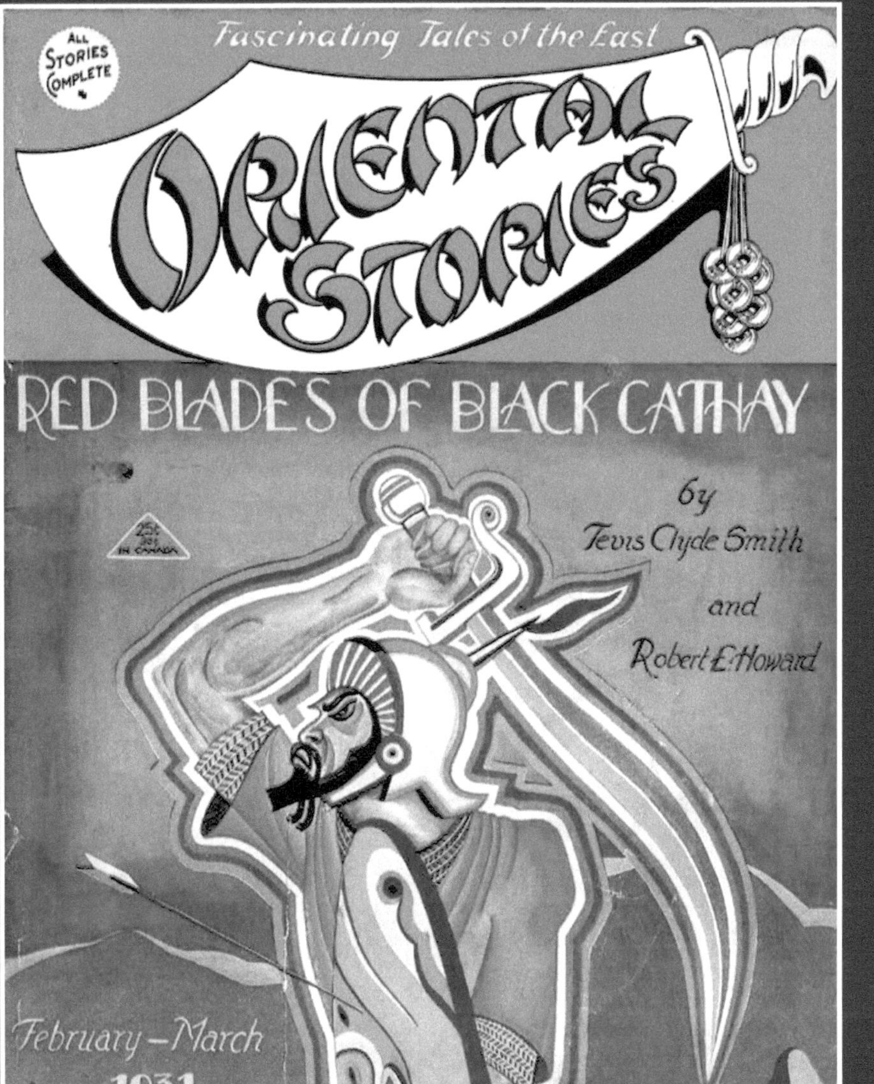

A história "Red Blades of Black Cathay" (inédita no Brasil) por Howard em parceria com Tevis Clyde Smith foi capa da edição de fevereiro-março da Oriental Stories de 1931.

as quais foram escritas especificamente para a nova publicação: "Reis da Noite"[37], "O Homem Negro"[38] e "Os Deuses de Bal-Sagoth".[39] Todas as três foram imediatamente aceitas por Farnsworth Wright. Essas histórias foram cruciais no desenvolvimento do estilo de escrita de Howard, e foram as primeiras a mostrar com tanto destaque e sucesso o que ele estava mais associado: aventuras velozes, contos épicos ou históricos polvilhados com um toque de estranho.

Quando Howard ouviu a notícia do lançamento da *Oriental Stories*, ficou tão animado que interrompeu suas férias e voltou para Cross Plains. Como era habitual, ele escreveu um primeiro conto misturando elementos "orientais" (o novo) com aventura (o antigo). Depois de ser aceito, ele começou a escrever seus primeiros épicos históricos, contos ambiciosos e meticulosamente pesquisados, traindo o fascínio de Howard por aquela linha fina e sempre flutuante que separava a barbárie e a civilização. As Cruzadas eram o seu tema favorito, contanto que tivessem uma rica experiência e lhe proporcionássem um imenso parque de diversão e figuras com as quais brincar. Diferente da maioria de seus contemporâneos, Howard não tinha nenhuma inclinação a transformar suas histórias em fábulas simplistas do bem contra o mal.

Muito pelo contrário, seus contos nunca retratam um cristianismo conquistador. Divisão, conflito e corrupção eram o quinhão comum de seus personagens, mal conseguindo manter suas últimas fortalezas, esperando pelo inevitável ataque final de seus inimigos "orientais". A civilização nesses contos está sempre à beira da aniquilação, uma vela tremulante à mercê da próxima rajada de vento bárbaro; histórias povoadas com homens destruídos, levando vidas desesperadas de violência.

Quase todas as histórias "orientais" de Howard são obras-primas, nas quais seu amor pelo material é claro: "Não há obra literária, para mim, nem um pouco entusiástica quanto reescrever a história disfarçada de ficção. Eu gostaria de poder dedicar o resto da minha vida a esse tipo de trabalho. Eu poderia escrever cem anos e ainda assim haveria histórias clamando para serem escritas, ao montes." Os leitores, no entanto, não eram — nem são — tão tolerantes, aparentemente não entendendo que

---

[37] *Título original: "Kings of the Night".*
[38] *Título original: "The Dark Man".*
[39] *Título original: "The Gods of Bal-Sagoth".*

a ficção histórica é ficção antes de ser história, se for.

A *Strange Stories* nunca se materializaria (devido a uma disputa com um concorrente) e as histórias que Howard havia vendido à revista acabaram sendo publicadas na *Weird Tales*, mas a pedrinha enviou ondas para outras margens: no início de 1932, quando estava de férias no sul do Texas, Howard teve a ideia de Conan, o cimério, o personagem que lhe renderia fama e posteridade. Quando voltou a Cross Plains, ele havia, de bom grado ou não, tropeçado na solução perfeita para suas aspirações: a Era Hiboriana, uma feliz confusão de vários períodos geográficos e históricos em que nenhum leitor poderia censurá-lo por desconsiderar os detalhes da história. Combinando o amargo pessimismo de seus heróis, o choque de civilizações e a eterna luta entre a barbárie e a civilização, os contos de Conan se tornaram o privilegiado veículo para Howard expressar suas visões de mundo.

Depois de alguns sustos em 1931, quando a *Weird Tales* se tornou bimensalmente por um período, a situação profissional de Howard piorou na primavera de 1932. Quando a produção da Fiction House desmoronou, a *Fight Stories* e a *Action Stories*, para as quais ele vinha vendendo histórias desde 1929, saíram de circulação, privando-o de uma renda regular. Logo após o golpe terrível veio a notícia de que a *Strange Tales of Mystery and Terror*, uma revista muito promissora e rápida no pagamento por "histórias estranhas", também estava cessando a publicação. A situação financeira de Howard tornou-se alarmante em questão de semanas, tanto que ele se viu incapaz de viajar para Nova Orleans, onde H. P. Lovecraft ficou por alguns dias. Os dois homens, que haviam começado a se corresponder em 1930, nunca se encontrariam cara a cara.

Sem nenhum mercado real além da *Weird Tales* — exatamente como no começo de sua carreira — Howard passou as semanas seguintes escrevendo e vendendo o maior número possível de contos de Conan. Ele foi muito ajudado nesse processo, pelas mesmas dificuldades financeiras que estavam atormentando a própria revista, o que provavelmente explica a contratação de uma nova artista para as capas, Margaret Brundage, que se destacou em representar o corpo feminino (nu). Ela logo se tornaria uma estrela da revista, assim como Howard, Clark Ashton Smith e o favorito dos leitores: Seabury Quinn. Os contos de Conan escritos por Howard durante esse período não são os melhores da série: eles foram escritos

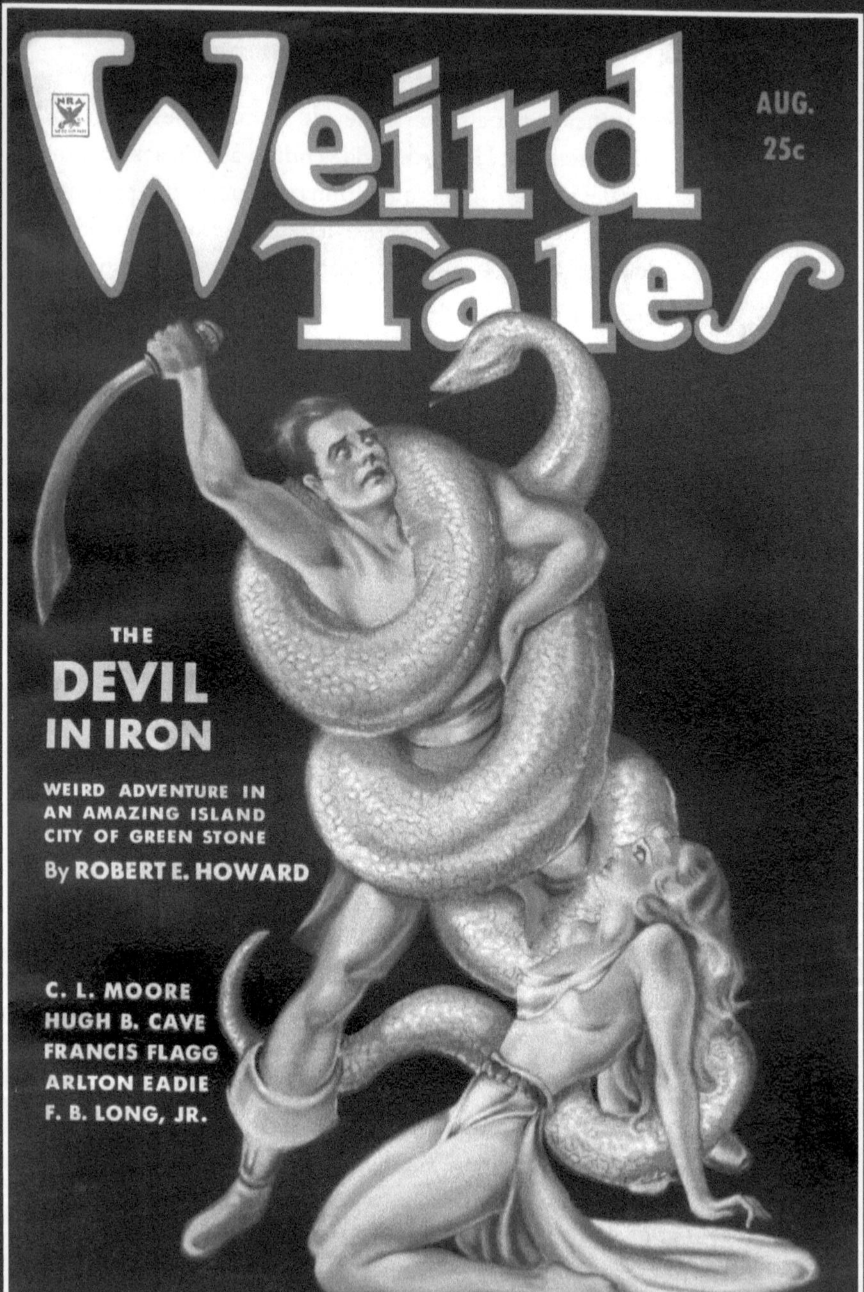

A história de Conan, o Cimério, "O Demônio de Ferro" apareceu na capa da edição de agosto de 1934 da Weird Tales. Arte por Margaret Brundage.

para vender, muitas vezes com cenas gratuitas cuja única justificativa era pegar a ilustração da capa (histórias que ganhavam a capa recebiam um bônus). No início de 1933, a revista continha contos Conan suficientes para publicar até meados de 1934. Howard podia agora se concentrar em expandir seus mercados e, assim, contratou um agente para lidar com suas histórias de forma não exclusiva: Otis Adelbert Kline, ele próprio ex-prolífico escritor de *pulp* (principalmente para a *Weird Tales*). Kline encorajou Howard a experimentar novos tipos de histórias e, assim, novas revistas. Howard obedeceu enviando-lhe uma série de histórias de boxe, novas ou remodeladas dentre as não vendidas, e começou a escrever histórias curtas de faroeste e detetives. As histórias curtas de *westerns* eram, em sua maior parte, um passeio indistinguível pelo padrão pulp. Quanto às histórias de detetives, Howard não fazia mistério de que não gostava de lê-las, muito menos de escrevê-las. O contrário teria sido surpreendente, e é difícil imaginar Howard escrevendo histórias urbanas convincentes, já que ele não tinha nenhuma experiência nessa área. Suas histórias de detetive de novela policial são uniformemente ruins, muitas vezes confiando em um único — e não convincente — truque (um personagem daltônico, um fonógrafo oculto, etc.) com seu detetive descobrindo a chave do mistério com seus punhos. As poucas que têm algum mérito são aquelas que pertencem a esse epítome do gênero *pulp*: contos de "ameaça estranha", ou seja, histórias violentas de ritmo acelerado, tingidas com uma atmosfera do estranho e do sádico.

As primeiras incursões realmente bem-sucedidas de Howard com Kline foram no departamento de aventura, muitas de suas histórias estabelecidas nas colinas escarpadas do Afeganistão, para as quais Howard ressuscitaria um personagem de infância: Frank Gordon, apelidado de "*El Borak*" (o Ligeiro), um apelido incidentalmente emprestado de um conto de Rafael Sabatini[40] que Howard havia lido em sua adolescência. Gordon era provavelmente o herói moderno com o qual Howard poderia se identificar: pequeno, de pele escura, lutando do lado dos afegãos con-

---

[40] Rafael Sabatini foi um escritor ítalo-inglês de romance e aventura. Ele é mais conhecido por seus best-sellers em todo o mundo: The Sea Hawk, Scaramouche, Captain Blood e Bellarion the Fortunate. Nasceu em 29 de abril de 1875, Iesi, Itália e faleceu em 13 de fevereiro de 1950, Adelboden, Suíça.

tra os potenciais impérios coloniais (principalmente Rússia e Inglaterra). Em outras palavras, um Howard nativo, ou um Bran Mak Morn moderno. À medida que as aventuras *pulps* favoreciam contos bastante longos, Howard finalmente conseguiu ganhar dinheiro com essas histórias, além de rapidamente aprender também a reciclar sua pesquisa sobre os contos de Conan: o país hiboriano *Afghulistão*, cujo nome é suficientemente transparente, apareceu no início de 1934, quando Howard estava escrevendo seus primeiros contos de *El Borak*, por exemplo.

Na primavera de 1933, Howard foi apresentado a Novalyne Price, por seu amigo, Tevis Clyde Smith, que havia sido seu colega de classe. Price tinha ambições literárias e, portanto, estava particularmente ansiosa por conhecer o único homem da região que ganhava a vida exclusivamente escrevendo. Ela ficou bastante surpresa ao descobrir um indivíduo que era o oposto do que ela esperava: "Esse homem é escritor! Ele? É inacreditável. Ele não estava vestido como eu achava que um escritor deveria se vestir. Seu boné estava puxado para baixo em sua testa. Ele usava uma camisa branca desbotada e umas calças largas que só chegavam aos tornozelos e ao topo de seus sapatos de botões largos e cano alto." Price gostou da conversa, achou Howard uma pessoa particularmente intrigante, provavelmente mais do que ela gostaria de admitir, mas não tentou procurá-lo uma segunda vez.

Ao mesmo tempo, Howard finalmente encontrou-se na posição de comprar seu próprio carro. Numa época em que a maioria dos cidadãos de Cross Plains mergulhavam nas terríveis condições da Grande Depressão, Howard estava — de novo — ganhando um bom dinheiro. Depois de quase um ano de vendas fracas, suas perspectivas se tornaram mais brilhantes. A história diz que Howard foi para Fort Worth com seu amigo Lindsey Tyson e pagou US $ 350 em dinheiro pelo carro. O vendedor quase desmaiou quando viu tanto dinheiro.

O sucesso financeiro de Howard deve ter sido de tremenda importância para a família. Muitos dos pacientes de Doc Howard não podiam pagar a ele com nada além de carne ou legumes. O sucesso de Conan nas páginas da *Weird Tales* também é um bom indicador dos tempos — e o que o personagem frequentemente representava — e ainda representa: ele é aquele que pode sobreviver às dificuldades e consegue sobreviver sozinho. Ele é o personagem que o leitor do sexo masculino gostaria de ser, e o

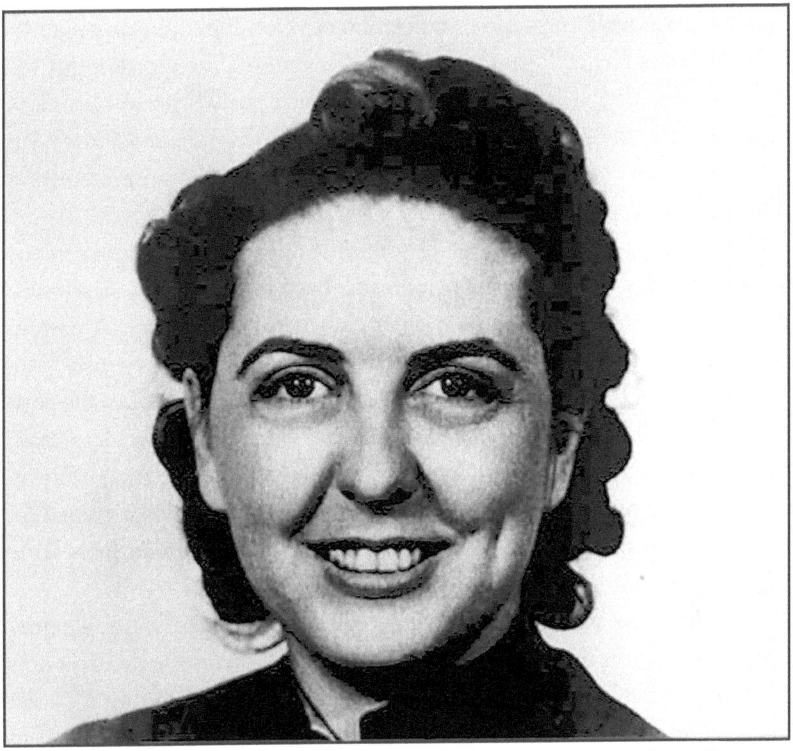

Novalyne Price, namorada de Howard e, posteriormente, sua biógrafa.

que as muitas leitoras da *Weird Tales* gostariam de ter por um companheiro. Tornara-se como aqueles que viviam à margem ou fora da lei, como Bonnie e Clyde, que tinha a simpatia de muitos no início, ou até mesmo gângsteres notórios que forneciam às pessoas o álcool que o governo não queria que bebessem. Howard sabia de tudo isso, entendia e, de fato, era confrontado pelos mesmos problemas que seus compatriotas americanos. Em 1931, os dois bancos de Cross Plains fecharam com apenas alguns meses de diferença, desviando muitas das economias do povo local. Howard aprendeu a lição e, a partir de então, depositaria suas economias em uma conta postal (portanto, apoiada pelo governo), garantindo assim que ele nunca mais voltaria a sofrer tal destino.

Em junho de 1933, o futuro de Howard parecia particularmente brilhante: um carro permitindo-lhe — finalmente! — viajar à vontade, boas vendas, excelentes perspectivas domésticas graças à contratação de um agente e a um novo mercado potencial no exterior. Ele soube que sua história "A Pedra Negra"[41] fora publicada na Inglaterra, incluída em um volume da série de livros "*Not at Night*"[42], editada por Christine Campbell Thomson. Tendo se tornado um membro da *American Fiction Guild*[43] em 1932, Howard era agora cuidadoso com seus direitos literários e prestava muita atenção em novos mercados.

Um editor inglês indicou que ele definitivamente consideraria um volume com suas histórias para o mercado britânico. Howard selecionou nove de seus melhores contos e os enviou para a Inglaterra. A editora precisou de vários meses para responder e explicar que havia um "preconceito" contra a publicação de um volume de contos, mas que ele consideraria um romance completo na mesma ordem. As esperanças eram escassas, para dizer o mínimo, mas Howard deu o melhor de si, e compreensivelmente: a publicação em forma de livro seria prestigiosa, e o que foi escrito para o mercado britânico poderia sempre ser vendido mais tarde nos EUA, ou vice-versa.

Howard levou algum tempo para decidir sobre o romance que ele queria escrever, antes de optar por uma história de Conan. Ele dedicou dois meses — de meados de março a meados de maio de 1934 — à escrita de *A Hora do Dragão*.[44] Pelo que podemos reunir, ele não trabalhou em mais nada durante esse período, nem mesmo enviou uma única carta para seus amigos e colegas. Ele só tirou alguns dias de folga para receber o amigo *pulpster*[45] E. Hoffmann Price, com quem havia se correspondido desde 1929 (e mais lembrado hoje como o único escritor que conheceu Howard, Lovecraft e Clark Ashton Smith).

1934 foi realmente o ano de Howard na *Weird Tales*: das doze edições publicadas naquele ano, dez tiveram uma história (ou capítulos de série) de Howard, oito delas estreladas por Conan, e suas histórias foram capas em quatro edições.

Em agosto, Novalyne Price aceitou um cargo de professora em Cross

---

[41] *Título original: "The Black Stone".*
[42] *Não à Noite".*
[43] *"Associação de Ficção Americana".*
[44] *Título original: "The Hour of the Dragon".*
[45] *Termo usado para definir e destacar não só quem produzia conteúdo, mas também quem apreciava as revistas pulp. Pulpster era nerd de então.*

Plains e mudou-se para a cidade. Uma das primeiras coisas que fez ao chegar foi dar um telefonema para renovar sua amizade com Howard. No entanto, ela não levou em conta o *Cerberus*[46] que era Hester Jane, que inevitavelmente atenderia todos os telefonemas e explicaria que seu filho estava ausente ou ocupado. Novalyne não era o tipo de mulher que aceitaria um não como resposta. Implacável, ela finalmente foi à casa de Howard e tocou a campainha. Bob Howard ouviu-a e saiu da casa, convidando imediatamente Novalyne para um passeio. Ele tentou desajeitadamente justificar as ações de sua mãe, obviamente não convencendo Novalyne.

Foi preciso apenas alguns encontros antes que eles se apaixonassem, mas a relação logo se tornaria tudo menos um bom passeio. Assim como todos os jovens, eles iam ao cinema e depois tomavam refrigerante, mas o que mais gostavam era de argumentar simplesmente por fazê-lo. Howard, o verdadeiro contador de histórias, fazia a história ganhar vida aos olhos dela. Ela ficou impressionada com a maneira como ele literalmente encantou sua avó e os idosos em geral, a quem ele questionava sobre a vida nos velhos tempos. Ela ficou encantada quando ele se vestiu para agradá-la, deu-lhe apelidos fofos e adoráveis, ou diria uma noite que ele havia projetado uma lua particularmente bonita só para ela. Ela ficou chocada quando ele lhe ofereceu as obras eróticas completas do escritor francês Pierre Louÿs como um presente de Natal. A dedicação de Howard — "Os franceses têm um dom — a capacidade de lidar com a decadência e transformar os símbolos da corrupção em beija-flores da poesia" — era uma tentativa pobre de justificação, e Novalyne teria que ser cega para não ver o que estava na mente de Howard.

Howard estava obviamente dividido entre seus ideais domésticos, que estavam de acordo com os códigos sociais de sua época, e sua atração por Novalyne, que não deixava as convenções ditarem suas escolhas. Ela tentou convencê-lo de que os habitantes de Cross Plains não eram inerentemente hostis a ele, e que se ele se misturasse um pouco mais, eles seriam mais receptivos com ele. Howard estava evitando voluntariamente as funções sociais desde que começou a construir sua carreira, e achava que os

---

[46] *O cão de três cabeças que guarda os portões de Hades, deus do mundo inferior na mitologia grega.*

habitantes eram genuinamente antipáticos com ele. Isso pode ser inferido da visita de E. Hoffman Price a Cross Plains em 1934, quando Howard declarou que "ninguém acha que eu represento muito, então fico feliz em ter a chance de mostrar a esses filhos da p... que um escritor de sucesso pode dirigir milhares de quilômetros até o inferno e desviar seu caminho para me ver." Novalyne não percebeu que Howard era tolerado porque era filho de um dos homens mais apreciados da cidade: o dr. Howard.

A relação entre Howard e Novalyne Price acabaria se tornando muito complicada para eles, cada um entretendo às vezes pensamentos de se casar, mas não no mesmo momento. Eles pararam de namorar em meados de 1935 (depois que Howard descobriu que ela também namorava um amigo dele, embora não mencionasse isso a ela), mas continuariam se vendo até fevereiro de 1936, levando a alguns episódios muito difíceis, notadamente quando Novalyne não podia ou não queria ver a dor de Howard enquanto sua mãe estava literalmente morrendo sob seus olhos. A saúde de Hester Jane Howard não era boa. Parece que ela mentiu para o marido sobre sua idade real, fingindo ser seis anos mais nova do que realmente era. Acreditava-se que o lado Ervin da família sofresse com tuberculose, mas pesquisas recentes mostraram que essa foi mais uma invenção de L. Sprague de Camp. Hester Jane pode ter sofrido de tuberculose ou de câncer, ou uma combinação de ambos, mas agora sabemos que não era hereditário. De qualquer forma, sua saúde tornou-se tão preocupante que ela teve que ser levada às pressas para o hospital em duas ocasiões em 1935, mal conseguindo escapar com vida em ambos os casos. Isaac Howard era médico e sabia perfeitamente que sua esposa estava morrendo, sem qualquer ilusão quanto ao resultado final.

Parece, a julgar pelas cartas de Howard, que ele — não seu pai — estava encarregado de muitas das necessidades especiais que sua mãe agora requeria diariamente, embora Isaac fosse o médico da família. As coisas pioraram com o passar do tempo e os dois homens tiveram que contratar uma jovem — Kate Merryman — para aliviar a carga de trabalho. Howard, que cuidava da mãe - levou-a ao hospital, ficou com ela, levou-a de volta para casa — era constantemente interrompido em seu trabalho. Ele rapidamente se viu incapaz de escrever por longos períodos de tempo (várias semanas seguidas no início de 1936, por exemplo). Enquanto isso, a *Weird Tales* estava cada vez mais atrasada em seus pagamentos e as con-

A famosa foto de Howard com o fedora foi tirada durante o período em que ele namorava Novalyne Price.

tas do hospital estavam se acumulando. Em maio de 1935, Howard teve de escrever ao editor da revista, que lhe devia mais de US $ 800, pedindo um cheque. Um ano depois, na época de sua morte, a *Weird Tales* devia a Howard cerca de US $ 1.300 (mais de US $ 25.000 em valores de 2018). Howard teve que se virar para escrever ficção "picante" (ou seja, erótica) sob um pseudônimo. Este foi um trabalho rápido e ganhos eram excelentes, mas despreocupados como deveriam ser; contudo, pode-se sentir nas histórias a tensão e as frustrações que estavam roendo Howard. Na primavera de 1936, ele finalmente conseguiu uma série de contos aceitos pela prestigiosa *Argosy*, uma ambição vitalícia.

Mas as areias do tempo tinham corrido muito baixo. Novalyne Price deixou Cross Plains por Louisiana no início de 1936. A saúde de Hester Howard piorou. Howard achou impossível concentrar-se em seu trabalho, escrever, ganhar dinheiro.

No início da manhã de 11 de junho de 1936, Hester Jane Howard afundou em um coma irreversível. Howard perguntou à enfermeira de plantão se havia a menor chance dela voltar a ficar consciente, ao que a enfermeira respondeu negativamente. Ele passou a maior parte da noite colocando seus papéis em ordem, antes de remexê-los e deixar a sala bagunçada. Ele saiu de casa como costumava fazer todas as manhãs para ir ao correio. Seu pai havia tirado todas as armas armazenadas na casa, mas não sabia que seu filho havia emprestado uma de seu amigo Lindsey Tyson. Robert Howard abriu a porta do carro, entrou e disparou uma bala em seu cérebro.

Dois médicos tentaram reanimá-lo pelas horas seguintes, sem sucesso, e ele morreu às 4 da tarde. Sua mãe faleceu no dia seguinte, sem ter recuperado a consciência. Um funeral duplo foi organizado para mãe e filho, em 14 de junho. Eles foram enterrados em Brownwood.

As controvérsias em torno de Howard, sua vida e seu trabalho começaram a aparecer quando ele nem sequer tinha sido enterrado. Isaac Howard, se for para acreditar em uma pesquisa biográfica recente, foi o primeiro ofensor: ele provavelmente destruiu o testamento no qual seu filho deixava tudo para seu melhor amigo, não para ele. Isso significa uma de duas coisas: uma: Howard achava que seu pai não sobreviveria à morte de sua mãe, assim como ele, ou dois: ele tinha sérios problemas com o pai. A lenda também diz que Isaac Howard recuperou a coleção

A última foto conhecida de Robert E. Howard. Primavera de 1936.

de revistas *pulp* de Bob Howard, maltratada pelas pessoas a quem tinha sido dada, mas isso é inexato: ele apenas guardou aquelas que continham histórias que ele achava que poderiam ser publicadas em forma de livro e assim conseguir dinheiro com a venda.

Também sabemos que ele inventou (na pior das hipóteses) ou embelezou (na melhor das hipóteses) a história da chamada nota de suicídio de seu filho. Por último, ele enviou duas ou três histórias (sua carta não é muito clara sobre isso) para a *Weird Tales*, explicando que ele tinha acabado de encontrar um envelope e um pedaço de papel afirmando que aquelas histórias tinham acabado de ser completadas e deveriam ser enviadas para a *Weird Tales*. Duas das histórias em questão datavam de 1930 e a hipotética terceira, de 1934, mas não havia como Howard tê-las redatilografado ou reescrito pouco antes de sua morte. Não obstante, ambos os contos foram aceitos pela revista. Isaac Howard foi obviamente imensamente afetado pela tragédia que atingiu sua família, mas ele era ao mesmo tempo particularmente mercenário e fez tudo o que podia para extrair o máximo de lucro possível dos escritos de seu filho morto. Alguns dias depois do suicídio, ele mandou limpar o carro de Robert. Então ele dirigiu por vários meses o carro em que seu filho tinha explodido seus miolos.

Ele finalmente deixou Cross Plains em 1942 e se estabeleceu em Ranger, em uma clínica de propriedade de amigos próximos. Os últimos anos de sua vida foram marcados por um intenso interesse renovado pela religião. Um homem falido, ele morreu em 1944.

"Parece-me que muitos escritores, em virtude de ambientes de cultura, arte e educação, escorregam para escrever por causa de seus ambientes. Eu me tornei escritor apesar dos meus ambientes."

— Robert E. Howard

Capítulo Três
As vinte histórias que você deve ler (e por quê).

Aviso: spoilers de 80 anos à frente.
Nota: Os volumes da "edição moderna recomendada" mencionados abaixo foram selecionados por conterem versões de texto puro em todos os casos, e por serem brochuras que podem ser facilmente encontradas sempre que possível.

1. "The Shadow Kingdom"

Tradução: O Reino das Sombras.[47]
Escrito: iniciado no verão de 1926, concluído no verão de 1927.
Primeira publicação: *Weird Tales*, agosto de 1929.
Edição moderna recomendada: *Kull: Exile of Atlantis*, Del Rey Books, 2006.

Sinopse: Kull, um órfão resgatado e criado por uma tribo atlante, deixa seu povo adotado para satisfazer sua sede de poder e glória. Ele eventualmente atinge o auge de seus sonhos e senta no trono de Valúsia, um antigo império decadente que vive à sombra de sua antiga grandeza. Pensando que sua posição é segura, apesar da oposição das pessoas que parecem não aceitar suas origens estrangeiras, Kull é contatado por um emissário da nação picta, que explica a ele em termos simples que seu trono está desabando a seus pés e sua vida ameaçada: Homens-Serpentes estão

[47] *Vide nossa edição de O Reino das Sombras, Red Dragon Publisher, 2017.*

prestes a eliminá-lo e a realizar um golpe de estado em Valúsia. Os Homens-Serpentes são inimigos formidáveis, metamorfos que podem tomar uma forma humana à vontade. Kull, já isolado, não pode mais confiar em ninguém, especialmente nos poucos homens leais em quem confiava, já que eles poderiam ter sido substituídos por Homens-Serpentes. Seus únicos aliados, portanto, parecem ser aqueles bárbaros pictos que o avisaram da ameaça iminente.

Ilustração por Hugh Rankin para "The Shadow Kingdom" na Weird Tales de Aogosto de 1929.

Comentário: "O Reino das Sombras" é a primeira história com Kull de Atlântis (a menos que se conte o fragmento publicado como "Exilado de Atlântis",[48] que Howard descartou para escrever "The Shadow Kingdom"). O conto é um verdadeiro estudo da paranóia. O protagonista — Kull — é um usurpador ambicioso, um órfão que quebrou todas as cadeias de "amizade, tribo e tradição" para realizar seu sonho final: tornar-se rei do lendário reino da Valúsia. Um estrangeiro e um plebeu,[49]

---

[478] *Título original: Exile of Atlantis*

[49] *No texto original em inglês a palavra usada é "parvenu" que significa "uma pessoa de origem obscura que ganhou riqueza, influência repentina, tornando-se uma celebridade momentânea". Por falta de uma palavra melhor, em nossa tradução, usamos "plebeu".*

um bárbaro de maneiras simples e diretas, Kull é incapaz de compreender as complexidades labirínticas de um império que desmorona sobre si mesmo. Forçado a ser cauteloso com seus próprios conselheiros, ele se vê obrigado a confiar em um selvagem guerreiro picto que é exatamente o homem que ele provavelmente teria se tornado se tivesse permanecido como o bárbaro que ele estava fadado a ser.

Este conto surpreendentemente maduro, escrito por um Howard com apenas 21 anos de idade, estabelece os fundamentos da fantasia moderna: cenário pseudo-histórico, elementos estranhos e / ou horríveis, continentes inventados e ação intrépida. Ao contrário da crença popular, os contos de Kull (e mais tarde de Conan) não ocorrem em um universo imaginário, mas em uma era distante, esquecida, de nosso próprio passado. Na época em que ele escrevia a história, Howard estava convencido de que Atlântis era um império histórico do passado distante da Terra, e sua submersão era igualmente real. Essa proximidade entre história, pseudo-história e pura invenção é um dos pilares da ficção de Howard. Ao tornar seu herói um bárbaro de origens modestas, Howard estava remontando aos primeiros heróis da humanidade, cujos nascimentos são quase sempre marcados pela tragédia e cujo destino promete ser extraordinário. Um conto fundamental na carreira de Howard, já que foi graças à venda dessa história que ele entendeu que se tornaria um escritor profissional, mas também para o gênero de fantasia e ficção imaginativa como um todo.

2. "Solomon Kane" ("Red Shadows")

Tradução: Sombras Vermelhas.[50]
Escrito: em janeiro de 1928.
Primeira publicação: *Weird Tales*, agosto de 1928, sob o título "Sombras Vermelhas". Howard inicialmente intitulou sua história de "Solomon Kane", mas isso não foi satisfatório para o editor. Não está claro quem deu ao conto seu título mais famoso.
Edição moderna recomendada: *The Savage Tales of Solomon Kane*, Del Rey Books, 2004.

---

[50] *Vide nossa edição de Sombras Vermelhas, Red Dragon Publisher, 2019.*

Sinopse: Aparecendo da escuridão, Solomon Kane descobre uma mulher muito jovem, ferida e provavelmente estuprada pelo homem que ela chama de "*Le Loup*".[51] Enquanto ela dá seu último suspiro, Kane jura que irá vingá-la e que homens pagarão por aquele feito. Assim começa uma perseguição implacável que durará meses e o levará através de outro continente, embora a mulher fosse uma completa estranha para ele.

Comentário: "Solomon Kane" é o primeiro conto apresentando o puritano austero e um marco por várias razões. Primeiro por causa de sua forma, que era problemática para os tempos. O editor da *Argosy* (a revista à qual o conto foi submetido pela primeira vez) explicou o problema: "De certa forma, essa história é muito boa, e em outros está podre... Começa como uma história de período e, finalmente, transforma-se numa combinação de história moderna e medieval de selva africana. Você não pode misturar períodos e atmosferas assim. Atenha-se a um ou outro. Sua história é desconectada, em parte por causa do mesmo vagar de um período para outro. Há muita coisa que está inacabada ou inexplicada e muito que é milagroso. Então, não há absolutamente nenhuma conexão entre a primeira e segunda parte. Em um salto, você muda da Idade Média para as coisas da selva, à la Eugene O'Neill, sem nenhuma explicação, salvo uma vaga sugestão de que houve algum tipo de perseguição. Se houve tal caçada ou perseguição, você não pode omitir isso da sua história... O que os leitores querem, e, incidentalmente, é difícil de escrever é uma coisa milagrosa que pode ser explicada a eles de uma forma ou de outra."

"Solomon Kane" é um conto inovador *porque* não segue nenhuma dessas regras, *por causa* dos "defeitos" apontados pelo editor da *Argosy*. Howard compreendeu ou pelo menos sentiu que a força de seu caráter reside precisamente nesse desprezo total às convenções estabelecidas. Não sabemos quem é Kane, de onde ele vem ou quais são suas motivações. Ele se declara um puritano e um instrumento de Deus, mas pode igualmente ser afligido por uma forma de loucura. O próprio Howard o descreveu como "paranóico" em uma carta. Os contos de Solomon Kane não são sobre o Bem contra o Mal, um tema que quase não é encontrado em

---

[51] *Do francês: "O Lobo".*

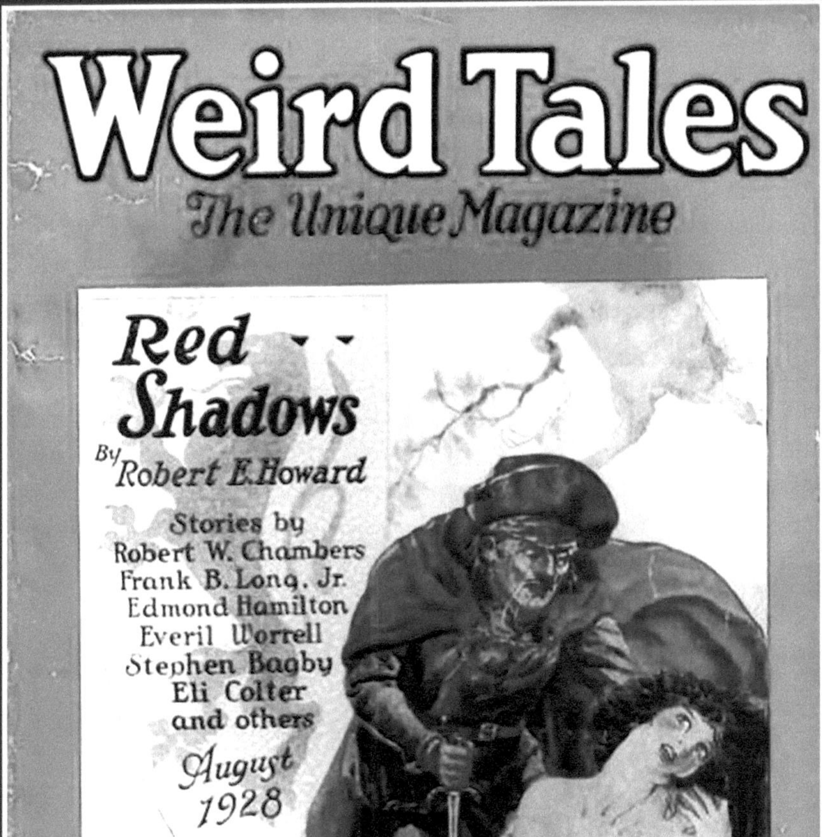

Weird Tales de janeiro de 1928 apresentando Solomon Kane em “Sombras Vermelhas.” Capa por C. C. Sen.f

Howard. Que Kane possa pensar que ele é a mão armada de Deus é uma coisa, que exista alguma verdade em sua convicção é outra. Howard nunca confirma nem nega. Ele aparece quando um crime é cometido e desaparece assim que o erro é corrigido, trazendo com ele sua própria marca de fanatismo, loucura e justiça. Ele antecipa o Homem sem nome de Sergio Leone (quase 40 anos), mas Howard toma cuidado para não deixar o leitor se identificar com seu personagem, um homem austero com um semblante quase cadavérico. Este conto extraordinariamente moderno é um *tour de force*[52] não por causa de sua trama, mas por sua implacabilidade, sua falta de vontade de se submeter à verossimilhança, afastando os limites dos gêneros de aventuras e impetuosidade adicionando um toque do estranho. Ocorrendo em um período elisabetano meio sério, meio fantasioso, em áreas geograficamente diferentes, o conto foi citado como um forte candidato à posição de primeiro verdadeiro conto de fantasia de Howard, em vez de "O Reino das Sombras".

A edição de agosto de 1928 da revista Weird Tales incluiu a primeira história de Solomon Kane. É uma das edições mais procuradas no mercado de colecionadores, e não apenas por causa do conto de Howard. Outro escritor fez sua estréia profissional na mesma edição: Thomas Lanier Williams, com dezesseis anos de idade, e seu "The Vengeance of Nitocris".[53] *Ele alcançaria a fama alguns anos depois sob seu pseudônimo: Tennessee Williams.*

---

[52] *"um desempenho ou conquista impressionante que foi realizada ou gerenciada com grande habilidade."*

[53] *Lit.: A Vingança de Nitocris.*

3. *"The Bulldog Breed"*

Tradução: A Raça Bulldog.
Escrito: entre setembro e outubro de 1929.
Primeira publicação: *Fight Stories*, fevereiro de 1930.
Edição moderna recomendada: *Grim Lands: The Best of Robert E. Howard Volume 2*, Del Rey Books, 2007.

Sinopse: Depois de uma violenta disputa, o capitão do Garota do Mar, também conhecido como "O Velho", já tinha aguentado o suficiente e anuncia que não poderia mais tolerar a presença do cachorro de Steve Costigan a bordo. Costigan se recusa a abandonar seu cão e, assim, ele deixa o navio com o animal, pronto para começar uma nova vida. Mas claro, Costigan não consegue ficar longe de problemas por muito tempo.

Comentário: "A Raça Bulldog" não pertence a nenhum dos famosos ciclos de fantasia de Howard. É uma história de boxe e é engraçada. Quando Howard escreveu o conto, o boxe era incrivelmente popular. A *Fight Stories*, que havia iniciado suas atividades em 1928, era dedicada exclusivamente aos "contos sobre lutas por dinheiro" (como disse Howard). Ele tinha dezenas de histórias publicadas na revista (e em suas publicações irmãs), muitas das quais resistiram notavelmente bem ao teste do tempo. "A Raça Bulldog" é geralmente considerado o melhor conto da série, resumindo perfeitamente, como acontece, muitos aspectos do pensamento de Howard sobre a vida. Muito frequentemente (sistematicamente?), os heróis de Howard são considerados homens violentos que acabarão por triunfar porque são os mais fortes que existem por aí, e podem assim impor sua vontade a outros (e, às vezes, ouvir as lamentações de suas mulheres). Nada poderia estar mais errado. A força física em Howard — e isso é verdade para todas as suas criações — é apenas o que permite que o personagem permaneça vivo, sobreviva no final e escape da morte. Esses personagens não têm, em sua imensa maioria, nenhuma intenção de exercer qualquer forma de dominação sobre os outros, de reinar como tiranos ou de conquistar. Steve Costigan é uma ilustração perfeita: ele é o campeão de seu navio — não porque ele é o melhor lutador a bordo, ou o mais forte, mas porque é ele quem não vai à lona, recusando-se a aceitar a derrota. Ele é um daqueles "homens de ferro" que fascinaram Howard; não tanto atletas notáveis mas aberrações da natureza, lutadores quase assustadores em sua capacidade de receber golpes e ainda ficar em pé.

No corpo de uma obra que é basicamente sombria e pessimista, os contos humorísticos de Howard mostram vários traços distintivos. O primeiro é o estilo de Howard e o uso de gírias e estereótipos. O segundo, e provavelmente o mais importante, é o uso do narrador absolutamente inconstante que é Steve Costigan, descrevendo todas as formas de exageros e distorções, o idiota ideal para qualquer truque barato e vítima perfeita para qualquer pretensa *femme fatale* determinada a manipulá-lo. Se você gosta de Damon Runyon e seus contos *Guys and Dolls*, é provável que você goste de Costigan.

O tema comum (bastante surpreendente) entre as histórias de Costigan é o da família, mais ou menos abertamente declarado. Por trás de Steve Costigan, seu buldogue Mike, o Velho e o Garota do Mar podem ser vistos como a projeção de uma família feliz (se muitas vezes disfuncional), onde Mike é a (re)encarnação de Patches, o amado cão de Howard (que morreu alguns meses antes dele lançar a série), o Velho sendo o pai da família, e o navio se transformou em um símbolo materno: "Desde que cresci, o Garota do Mar tem sido o único lar que conheci, e mesmo que possa deixá-lo de tempos em tempos, para vagar sem rumo ou fazer uma turnê de luta, sempre volto para ele.

"A Raça Bulldog" é Howard puro - é uma daquelas histórias sem as quais é impossível realmente apreender a personalidade do autor: a lealdade de Costigan a seu cachorro é típica de Howard — "um homem que não defende seu cão é mais baixo do que um que não defende seus semelhantes"— dando à história uma profundidade que a eleva acima da maioria dos outros contos da série. Com esses elementos em mente, as seguintes linhas de Costigan têm ressonância poderosa: "Eu lhes digo, o homem comum tem que estar lutando por alguém além de si mesmo. É estar lutando por uma bandeira, uma nação, uma mulher, um garoto ou um cão que faz um homem vencer." Uma declaração que encontraria seu eco anos depois, quando Howard disse a Novalyne Price: "Você tem uma grande causa. Para que a vida valha a pena, um homem — um homem ou uma mulher — deve ter um grande amor ou uma grande causa. Eu não tenho nenhum dos dois.

4. "Hawks of Outremer"

Tradução: Falcões de Ultramar.[54]
Escrito: setembro de 1930.
Primeira publicação: *Oriental Stories*, primavera de 1931.
Edição moderna recomendada: *Sword Woman and other Historical Adventures*, Del Rey Books, 2011.

Sinopse: Enquanto muitos pensavam que ele estivesse morto naqueles tempos conturbados da Terceira Cruzada, Cormac FitzGeoffrey faz um retorno tão inesperado que é quase confundido com um fantasma. Logo depois, ele descobre o falecimento de um de seus — poucos — amigos próximos e que os responsáveis por sua morte eram outros cruzados, o barão von Gonler e Saladino. Cormac então sai em busca de vingar seu amigo.

Comentário: Kull, ancestral literário de Conan? Não, foi neste conto, aquele com o qual Howard começou verdadeiramente uma impressionante colaboração com a *Oriental Stories* (depois de um morno conto de aventura) que ele estabeleceu as fundações do que viria a se tornar Conan e a Era Hiboriana, muito mais do que com os contos de Kull de Atlântis. As Cruzadas, como representadas pela maioria de seus contemporâneos, retratavam valentes cavaleiros que voavam em socorro de uma cristandade em perigo, cujos bens ultramarinos eram ameaçados por um inimigo tão desprezível quanto cruelmente mau. Não existe tal coisa em Howard.

Os contos de Howard eram sombrios e pessimistas, em tom próximo aos trabalhos de Harold Lamb,[55] um dos principais colaboradores da prestigiada *Adventure*, e que Howard admirava imensamente. Mas, embora as histórias publicadas na venerável revista fossem bem elaboradas, elas

---

[54] *Outremer ou Ultramar era usado, durante o tempo das cruzadas, para designar os estados cruzados na Terra Santa e no Oriente Próximo, por estarem situados "no outro lado do mar" Mediterrâneo. No período moderno, ultramar foi usado para designar as colônias situadas na continentalidade européia (1961–1974).*

[55] *Harold Albert Lamb (1892 - 1962) foi um historiador norte-americano, roteirista, escritor de contos e romancista.*

também mostravam restrição definitiva. Com Howard, valia tudo, especialmente violento derramamento de sangue e emoções cruas: "Uma das principais coisas que gosto sobre as revistas de Farnsworth Wright, é que você não precisa tornar seus heróis tão santos", confidenciou Howard. Quanto ao próprio Cormac, ele é tudo menos um nobre cavaleiro, educado nos ideais de fidalguia: "Aos doze anos, eu corria loucamente pelos charcos nus com longas mechas de cabelo amarrado — eu usava peles de lobos, pesava perto de catorze *pedras*[56] e já tinha matado três homens.

Tal como foi o caso em Kane, a extrema violência dos contos de FitzGeoffrey (somada ao temperamento desagradável do próprio persona-

[56] *O peso de pedra ou Stone em inglês (abreviatura: st.) foi uma unidade de massa inglesa e imperial atualmente equivalente a 14 libras (6.35029318 kg).*

Ilustrações originais para "Falções de Ultramar" para a Weird Tales.

gem) os tornou impossíveis de vender, a não ser nas revistas editadas por Farnsworth Wright. Quem já leu essa história não consegue esquecer a cena de confronto entre von Gonler e Cormac. Evoluindo em um mundo abalado pelas convulsões de impérios decadentes e em colapso, onde "bárbaros" e "civilizados" são quase sempre indistinguíveis, Cormac, um personagem da raça celta, com olhos azuis "vulcânicos", e que jura, às vezes, por "Crom" é, sem sombra de dúvida, o verdadeiro antepassado literário do cimério. Ele é o que a série de Conan teria sido, se Howard estivesse em posição — como devotamente desejava — de ganhar dinheiro suficiente escrevendo ficção histórica: irrevogável, muitas vezes épica, violenta e intransigente.

5. *"The Black Stone"*

Tradução: A Pedra Negra.
Escrito: novembro de 1930.
Primeira publicação: *Weird Tales*, novembro de 1931.
Edição moderna recomendada: *Crimson Shadows: The Best of Robert E. Howard Volume 1*, Del Rey Books, 2007.

Sinopse: O narrador fica intrigado com a menção de um misterioso monólito no livro *Cultos Inomináveis*[57] de Von Junzt. Então decide viajar para Hungria e vê-lo por si mesmo, pois está convencido de que estabeleceu uma ligação entre o monólito, um culto sombrio e um verso escrito por Justin Geoffrey, o "poeta louco".

Comentário: O que se pode dizer sobre "A Pedra Negra"? Reimpresso dezenas de vezes desde a sua publicação inicial nas páginas da *Weird Tales*, este conto magistral é a fusão perfeita entre o estilo e os temas de dois dos escritores mais importantes no domínio da ficção imaginária da primeira metade do século XX: Howard e Lovecraft....

Howard tinha iniciado recentemente uma correspondência com o homem de Providence, mas estava impressionado com Lovecraft e sua erudição. Em suas primeiras cartas, ele estava quase se desculpando por escrever o tipo de histórias que estava vendendo, em vez de criar algo lovecraftiano ou horror "cósmico". Por várias semanas, Howard ficou convencido de que havia encontrado sua verdadeira vocação na literatura, a chave para "se aproximar da literatura real", e assim começou a imitar Lovecraft, tentando imitar seu estilo, mas também seus piores excessos. Alguns dos contos que Howard escreveu nesse período estão entre seus piores esforços.

No entanto, "A Pedra Negra" é uma conquista maravilhosa que nos ajuda a esquecer todos os outros esforços mal fadados. É um conto de Howard, exibindo o fascínio do texano pela história (a alusão às invasões turcas) ambientada em um mundo muito lovecraftiano, e contada por um igualmente protagonista de Lovecraft. É este último ponto que

---

[57] *Título original: "Nameless Cults".*

eleva a história acima de um simples exercício de estilo. Apresentando um protagonista que era um estudioso, em vez do perambulador como é habitual em Howard. Howard estava escrevendo sobre um personagem que estava muito mais perto de quem ele realmente era do que qualquer Conan ou Solomon Kane, mesmo que ele se esforçasse para mostrar, em primeiro lugar, que ele não era um intelectual. Cross Plains, a pequena cidade do Texas onde ele morava, estava longe de ser um lugar acolhedor para um escritor nas décadas de 1920 e 30. Howard teve que se encaixar, de uma forma ou de outra, e às vezes adotava a atitude e as expressões de um trabalhador, um forjador[58] de palavra (ênfase em "forjador"), um escritor proletário — portanto, um pouco parecido com seus concidadãos. Esta foi provavelmente uma proteção necessária em um ambiente onde a maioria das pessoas nunca consideraria escrever para viver um trabalho "real", em uma época em que Howard simplesmente não sabia de mais ninguém na região que ganhasse a vida com uma máquina de escrever.

Entre o narrador intelectual e a personalidade atormentada de Justin Geoffrey, não é difícil reconhecer o próprio Howard em algumas passagens. O retrato de Geoffrey que podemos ler em outro conto — inacabado — escrito ao mesmo tempo, deixa poucas dúvidas sobre quem Howard realmente estava escrevendo: "Em outra família, ele certamente seria encorajado e floresceria como um prodígio infantil. Mas sua família indescritivelmente prosaica viu em seu rabiscar apenas uma perda de tempo e uma anormalidade que eles achavam que deveriam cortar pela raiz... Mas as anormalidades que sua família achava que vira em sua poesia não eram aquelas que eu vejo. Para eles, qualquer um que não ganhe a vida vendendo batatas é anormal".

Ao ousar projetar outra faceta de si mesmo no papel, Howard apresenta um conto em que suas preocupações se encontram — por uma vez — com as de Lovecraft, sem negar a si mesmo. Mesmo os mais inflexíveis fãs de Lovecraft têm "A Pedra Negra" em alta estima, e o texto é regularmente aclamado como a história mais lovecraftiana escrita por um escritor que não fosse o próprio Lovecraft.

---

[58] *"Wordsmith" no texto original.*

6. "The Horror from the Mound"

Tradução: O Horror Vindo do Morro.
Escrito: final de junho, início de julho de 1931.
Primeira publicação: *Weird Tales*, maio de 1932.
Edição moderna recomendada: *The Horror Stories de Robert E. Howard*, Del Rey Books, 2008.

Sinopse: Steve Brill, um fazendeiro arrendatário sem um centavo no bolso, ganha uma vida miserável no pequeno pedaço de terra que ele desesperadamente tenta cultivar. Estamos no Texas, durante a Grande Depressão. Ao início da história, ele está observando mais uma vez a estranha rotina de seu vizinho, um mexicano taciturno, que metodicamente caminha em torno de um monte que fica no caminho para sua casa. Quando ele decide perguntar a razão daquilo, o mexicano relutantemente explica que o lugar é assombrado. Brill, um pouco teimoso, um pouco racista, chega à conclusão de que seu vizinho não está dizendo toda a verdade e que o monte pode, de fato, ser um antigo local de sepultamento, no qual — talvez — haja ouro para ser encontrado.

Comentário: Howard teve muita dificuldade em vender essa história, que foi enviada várias vezes antes de ser aceita pela *Weird Tales*. "O Horror Vindo do Morro" é hoje amplamente considerada um clássico menor, o conto que inaugurou o subgênero do "*weird western*".[59] Além disso, é o primeiro *western* de sucesso de Howard, desprovido de qualquer um dos clichês que geralmente atormentam o gênero. O conto deve sua força à excelente atmosfera e toque colorido. Howard, pela primeira vez em sua carreira, escreve sobre algo que conhece em primeira mão. É onde ele mora, essas pessoas são aquelas que ele pode encontrar quase todo dia, que moram a poucos quilômetros dele. Mas a verdadeira realização literária é que Howard consegue, mais uma vez, misturar dois gêneros, que, logicamente, não deveriam se encaixar: o *western* realista e o conto de vampiro, como visto e filtrado através da lente da experiência de Howard.

---

[59] *"Oeste estranho".*

Era simplesmente impossível para Howard ser um escritor derivado. Quando ele conscientemente tentou imitar outros escritores, como aconteceu algumas vezes, não funcionou ("A Pedra Negra" sendo o único contra-exemplo, embora não seja totalmente derivado). Algumas semanas depois de ter provavelmente relido *Drácula* de Bram Stoker, e logo depois de ver Bela Lugosi na tela (provavelmente em março de 1931), Howard escreveu seu primeiro conto sobre vampiros. Mas estava fora de questão para ele escrever sobre o sugador de sangue da era vitoriana convencional: Howard simplesmente importou o tema, americanizou-o, trazendo o morto-vivo para um ambiente que nunca fora dele, que não podia ser dele, alguém quase poderia ser tentado a dizer. Combinando a tradição de vampiros e os peculiares contextos geográficos e históricos, Howard elaborou uma história simplesmente brilhante. Infelizmente, nem todos pensavam dessa forma. Assim como Solomon Kane (que não podia pular de um continente para outro entre um capítulo e outro), alguns leitores simplesmente não conseguiam aceitar as "liberdades" tomadas por Howard. Um leitor descontente, assim, explicou na coluna do leitor da *Weird Tales* que a história continha "nada menos do que quatro violações flagrantes da tradição aceita do vampiro. Será que devemos acreditar, simplesmente porque o Sr. Howard nos informa, que os vampiros podem agora permanecer vivos por anos, no subsolo, sem o costumeiro banquete noturno de sangue humano? Ou que eles podem ser confinados em seus túmulos por uma mera pedra? Ou que agora acham necessário participar de algazarras e lutas com suas próprias vítimas? Melhorias estão sempre em ordem, mas o novo tipo de vampiro do Sr. Howard certamente não é uma melhoria!"

Ainda outro exemplo que nos ajuda a entender melhor por que, e como, Howard criou a Era Hiboriana de Conan como um meio de libertar-se de tais "restrições" e observações. Infelizmente, ainda não há uma fórmula para libertar-se de "fãs" farisaicos.

7. "Lord of Samarcand"

Tradução: Senhor de Samarcand.[60]
Escrito: setembro ou outubro de 1931.
Primeira publicação: *Oriental Stories*, primavera de 1932.
Edição moderna recomendada: *Sword Woman and other Historical Adventures*, Del Rey Books, 2011.

Sinopse: Como a batalha titânica que presenciou os exércitos de Bayazid esmagando os francos, Ak Boga, o tártaro, é testemunha de um estranho episódio: um cavaleiro escocês desafiando e matando em um duelo um nobre cuja imprudência e estupidez foi fundamental para derrota dos cavaleiros. Quando o escocês vê Ak Boga e se prepara para matá-lo, o tártaro explica calmamente que não é seu inimigo, muito pelo contrário, e que seu próprio mestre, Timur, também é inimigo de Bayazid. Ele convida o escocês a segui-lo, com a promessa de se vingar de Bayazid no futuro.

Comentário: Resta pouca dúvida, ao ler este épico amargo, que Howard nasceu para escrever ficção histórica. Seu protagonista é um de seus muitos heróis destruídos pela vida, guerreando e perseguindo o esquecimento em um mundo que não oferece consolo nem futuro. "Não há um brilho de esperança lá. É a coisa mais feroz e sombria que já tentei escrever. Um monte de maricas, talvez, possa dizer que é muito selvagem para ser realista, mas na minha opinião, é a coisa mais realista que eu já tentei. Mas é o tipo de coisa que eu gosto de escrever — sem construção de enredo, sem herói ou heroína, sem clímax no sentido aceito da palavra, todos os personagens completos canalhas, e todo mundo enganando todo mundo." E mais uma vez, a reação dos leitores é digna de nota. A força poderosa da história foi negligenciada por alguns, que pareciam inclinados a atacar Howard quanto à "veracidade" dos fatos históricos: "Alguns dos leitores se opuseram ao fato de eu tornar Tamerlane em um bêbado. Eu esperava ser atacado por outras pontuações — pelo suicídio de Bayazid, o que naturalmente nunca aconteceu — sobre a minha versão da morte de

---

[60] *Samarcand, é uma cidade no atual Uzbequistão, e é uma das mais antigas cidades continuamente habitadas da Ásia Central, conhecida por suas mesquitas e mausoléus. Fica na Rota da Seda, a antiga rota comercial que ligava a China ao Mediterrâneo.*

Timour — mais particularmente, eu esperava ser denunciado por causa da arma que meu personagem usou naquele assassinato. Havia armas de fogo no mundo naquela época e já por algum tempo, mas eram do tipo *matchlock*.[61] Duvido que houvesse alguma arma de pederneira na Ásia em 1405. Mas os leitores pularam para o ponto que eu menos esperava — a questão dos bêbados de Maomé. Eles mantiveram que, de acordo com o Alcorão, os muçulmanos nunca bebiam". Tais ações também desempenharam, sem dúvida, uma parte muito importante nos meses seguintes, quando Howard concebeu a "Era Hiboriana", isto é, uma Era pseudo-histórica do nosso mundo, em que ele poderia escrever tantos contos de ficção histórica o quanto quisesse, mas fingindo que não eram ficção histórica, e assim impedindo tais reações de seus leitores.

8. "Worms of the Earth"

Tradução: Vermes da Terra.[62]
Escrito: por volta do final de 1931.
Primeira publicação: *Weird Tales*, novembro de 1932.
Edição moderna recomendada: *Bran Mak Morn: The Last King*, Del Rey Books, 2005.

Sinopse: Quando Roma passa do limite ao crucificar um de seus súditos diante de seus olhos, Bran Mak Morn, rei da nação dos pictos, jura matar Titus Sulla, o governador militar responsável pela execução. E para alcançar esse objetivo, Bran vai aos limites do horror firmando um pacto com Atla, a bruxa e os seres subterrâneos chamados Vermes da Terra, correndo o risco de perder sua humanidade e sua sanidade no processo.

Comentário: A mistura perfeita de fantasia histórica e horror lovecraftiano, composta poucas semanas antes de Howard ter a ideia para Conan

---

[6] *O matchblock foi o primeiro dispositivo de disparo mecânico. Consistia de um braço em forma de S, chamado de serpentina, que segurava um fósforo, e um dispositivo de gatilho que abaixava a serpentina para que o fósforo aceso disparasse o pó de escorva na panela presa ao lado do cano.*

[62] *Vide nossa edição Vermes da Terra, Red Dragon Publisher, 2017.*

Ilustração original "Vermes da Terra" para a Weird Tales.

da Ciméria. "Vermes da Terra" é uma dessas histórias muito raras que irão assombrá-lo muito depois de você ter terminado sua leitura. Howard não poupa o leitor de nada nesse sombrio conto centrado na figura trágica de Bran, confrontado com os horrores da ocupação romana, com a lenta e inevitável decadência de seu povo, com a futilidade de seus incansáveis esforços para salvar os pictos, já à beira do esquecimento, e por último, mas certamente não menos importante, o quão distante (ou profundo) ele está disposto para ir, plenamente consciente das consequências para o seu futuro e o da nação dos pictos. Lovecraft, perceptivo como costumava ser, não conseguia deixar de elogiar a história.

Se alguém tivesse que decidir qual personagem estaria mais próximo de Howard entre suas muitas criações, não seria Conan ou Solomon Kane, mas Bran Mak Morn, cuja eventual derrota é uma certeza, mesmo para si mesmo. Longe de admirar os bárbaros gigantescos, loiros e de olhos azuis com os quais ele é tão frequentemente associado, Howard tinha uma admiração e fascínio pelos pictos: "Na leitura sobre os pictos, eu mentalmente me posicionei contra os invasores celtas e teutões, quem eu sabia ser o meu tipo e, na verdade, meus ancestrais. Meu interesse, especialmente em minha juventude, nesses estranhos povos neolíticos era tão agudo, que eu não estava contente com a minha aparência nórdica, eu tinha me tornado o tipo de homem que, na infância, eu desejava ser, eu preferiria ser baixo, atarracado, com membros grossos e retorcidos, olhos negros redondos, testa baixa e recuada, mandíbula pesada e cabelos pretos lisos e grossos - minha concepção de um típico picto.

9. "The Phoenix on the Sword"

Tradução: A Fênix na Espada.
Escrito: fevereiro de 1932.
Primeira publicação: *Weird Tales*, dezembro de 1932.
Edição moderna recomendada: *The Coming of Conan the Cimmerian*, Del Rey Books, 2003.

Sinopse: Conan, o cimério, é rei da Aquilônia, mas sua situação está longe de ser invejável. Ele sabe que as pessoas resmungam às suas costas. Mais importante ainda, um quarteto de rebeldes ambiciosos está trabalhando ativamente para sua queda, cada um por suas próprias razões. O enredo toma um rumo muito diferente quando o escravo de um dos conspiradores encontra seu anel de poder há muito perdido, um escravo chamado Thoth-Amon, que costumava ser um grande feiticeiro na Stygia.

Comentário: "A Fênix na Espada" está longe de ser um texto perfeito, mas sua presença nesta lista é justificada apenas pelo seu *status*, pois é esse o conto que introduziu Conan, o cimério, ao mundo, criando (ou modernizando) todo um gênero, e foi assim a história pela qual Howard ganhou sua fama. "Fênix" é a reescrita de um conto de Kull de 1929, não

Ilustração original "A Fênix na Espada" de Jayem Wilcox para a Weird Tales.

vendido, intitulado "Com Este Machado, Eu Governo",[63] que Howard desenterrou de seus arquivos no início de 1932, depois de ter passado algum tempo no sul do Texas, onde teve a ideia para Conan. Howard atualizou seu conto não vendido, livrando-se da subtrama sentimental e acrescentando um elemento de fantasia mais pronunciado. Misturando uma era imaginária do nosso passado (a "Era Hiboriana", uma amostra de diferentes eras históricas e geográficas de nosso planeta sob nomes levemente disfarçados), desenhando mapas desse novo mundo, escrevendo uma história de como esses reinos e impérios surgiram. Howard codificou

[63] *Título original: "By this Axe, I Rule!".*

e cristalizou em questão de semanas a maioria dos elementos que desde então se tornaram os elementos básicos do gênero de fantasia.

Os críticos podem discutir o que existia antes, o que Howard deve ou não a escritores de fantasia vitorianos ou pós-vitorianos como William Morris ou Lord Dunsany. Eles podem argumentar sobre os méritos — ou a falta deles — da prosa de Howard, eles podem discutir Gilgamesh e Tolkien, mas ninguém pode negar que essa fantasia moderna (mesmo se você quiser chamar de fantasia heroica ou espada e feitiçaria, apelações tão redutivas quanto enganosas), nasceu com "A Fênix na Espada".

Thoth-Amon, o feiticeiro stygio, tornou-se, nos *pastiches*, nos quadrinhos e em outros lugares, o arqui-inimigo de Conan, o que ele absolutamente não é. E mais, ele nem mesmo se importa com o cimério. Nós nem sabemos se ele está ciente da presença de Conan, pois sua vingança é exigida, não sobre o rei aquiloniano, mas sobre os conspiradores. Conan teria sido, na melhor das hipóteses, um dano colateral. Isso não mudará em nenhuma das histórias futuras, pois, ao contrário da crença popular, "Fênix" marca a única aparição de Thoth-Amon na série. (Ele é mencionado em outro conto, mas, mais uma vez, não em relação a Conan.) Na verdade, as histórias de Conan são muito raramente sobre o próprio cimério. Mais do que nunca, ele é simplesmente o catalisador, o homem cuja presença bárbara ajudará a colocar os eventos em movimento, ou ajudará a acelerar seu resultado.

A motivação de caráter, na ficção de Howard em geral e nas histórias de Conan em particular, é puramente humana: sexo, poder, dinheiro ou vingança. Thoth-Amon está simplesmente empenhado em exigir vingança, para reparar o que ele considera errado. Ele não está lá para trazer o Reino do Mal sobre a Era Hiboriana. Ascalante, chefe da conspiração é bastante semelhante a Conan em muitos aspectos: um aventureiro ousado que está prestes a tomar a coroa por motivos egoístas. Quanto a Rinaldo, ele é o tipo do Justin Geoffrey, o menestrel cuja loucura parecida com Hamlet o induz a esfaquear um rei simplesmente por ser o rei.

A Era Hiboriana de Conan é um mundo quase realista, infiltrado e envolto em verossimilhança (pseudo) histórica, um universo antropomórfico (povoado não com dragões e *trolls*, mas com cobras gigantes, enormes hienas e feiticeiros lascivos). As histórias de Conan são uma versão alternativa (ou mais moderna) dos contos históricos ou intrépidos, polvilhados com alguns elementos estranhos e menos apáticos do que em algumas contrapartes modernas.

10. "The Frost-Giant's Daughter"

Tradução: A Filha do Gigante do Gelo.[64]
Escrito: fevereiro de 1932.
Primeira publicação: (Como "Deuses do Norte",[65] ligeiramente reescrito como um conto de "Amra de Akbitana"), em *The Fantasy Fan*, março de 1934.
Edição moderna recomendada: *The Coming of Conan the Cimmerian*, Del Rey Books, 2003.

Sinopse: No rescaldo de uma batalha entre Vanir e Æsir nas desolações congeladas do norte, Conan, o cimério, que lutou ao lado dos homens de Asgard, mata o último de seus oponentes. Enquanto ele ainda está atordoado da batalha, uma jovem, completamente nua, aparece em sua frente...

Comentário: "A Filha do Gigante do Gelo" é o segundo conto que Howard escreveu apresentando seu novo personagem, Conan, o Cimério. O conto é muito curto, escrito num estilo poético, quase onírico. Foi rejeitado por Farnsworth Wright, o editor da *Weird Tales*, que disse "essa não me interessa". Quando alguém estuda o que Wright objetou em algumas outras histórias de Howard, torna-se fácil deduzir o que ele não gosta sobre esse conto em particular: os elementos sexuais excessivamente explícitos. A *Weird Tales*, se pudermos acreditar na coluna dos leitores, tinha uma porcentagem bastante alta de leitores do sexo feminino, e muitas delas viam Conan como uma espécie de anti-herói romântico, um bárbaro violento, mas que era, no final do dia, bastante cavalheiresco. Um *Han Solo* da Era Hiboriana, áspero, mas simpático. "A Filha do Gigante do Gelo" nos mostra que Conan não teria pensado duas vezes sobre atirar

---

[64] *Vide nossa edição A Filha do Gigante do Gelo, Red Dragon Publisher, 2017.*
[65] *Título original: "Gods of the North".*

primeiro para matar *Greedo*. Hipnotizado, enfeitiçado, atordoado depois de receber golpes demais... talvez. Ainda assim, Conan passa a maior parte da história correndo atrás do que ele acredita ser uma mulher bonita com uma única intenção: esmagá-la na neve e estuprá-la. Aqui está o que provavelmente foi demais para o editor Farnsworth Wright, mesmo para uma revista tão estranha quanto a *Weird Tales*. Conan é tudo menos um anti-herói cavalheiresco. Sim, ele se comportará na maioria das ocasiões, mas sua natureza feroz nunca está muito abaixo da superfície. Arranhe-a por sua conta e risco.

11. "The Tower of the Elephant"

Tradução: A Torre do Elefante.[66]
Escrito: março de 1932.
Primeira publicação: *Weird Tales*, março de 1933.
Edição moderna recomendada: *The Coming of Conan the Cimmerian*, Del Rey Books, 2003.

Sinopse: Uma briga irrompe em uma taverna lotada do *Maul*, na parte decadente de uma cidade sem nome. Entre os clientes de muitos países e caminhos obscuros da vida, um jovem bárbaro causou a ira de um ladrão kothiano quando se gabou de que um ladrão audacioso poderia roubar o Coração do Elefante, a misteriosa e famosa gema mantida pelo feiticeiro Yara, nos recessos da torre que é sua fortaleza. Durante a briga, a taverna é mergulhada na escuridão. Quando alguém acende uma vela, o kothiano está morto e o cimério tinha desaparecido... em direção à torre do Elefante.

Comentário: "A Torre do Elefante" é o primeiro conto de Conan verdadeiramente satisfatório. Foi o quarto da série, mas entre o terceiro e este, Howard escreveu o artigo pseudo-histórico "A Era Hiboriana" e desenhou dois mapas dos países hiborianos. Ele tinha, em suma, trabalhado duro para detalhar o mundo em que seus personagens evoluem e dar a ele um aspecto maior da verossimilhança. Muitos desses elementos en-

---

[66] *Vide nossa edição A Torre do Elefante, Red Dragon Publisher, 2019.*

Ilustração original "A Torre do Elefante" de Jayem Wilcox para a Weird Tales.

contraram o caminho em "A Torre do Elefante" (através do monólogo de Yag-kosha e a longa exposição dos vários personagens e nacionalidades hiborianas no início do conto). Apesar de todo esse material expositivo, a história quase funciona como um conto de fadas, tão palpável é o sentimento de admiração por toda parte. Howard torna-se poético, e a trama se move rapidamente, surpreendendo-nos sistematicamente indo em direções totalmente inesperadas, deixando lentamente as ocupações dos ladrões e das gargantas cortadas para elevar-se até as alturas da torre e considerações cósmicas. Supõe-se que Howard continuou com o conto sem se esforçar demais para dar um final racional. Comovente e eminentemente poética, "A Torre do Elefante" é a primeira história excepcional apresentando Conan.

12. "The Shadow of the Vulture"

Tradução: A Sombra do Abutre.
Escrito: junho / julho de 1932.
Primeira publicação: *Magic Carpet Magazine*, janeiro de 1934.
Edição moderna recomendada: *Sword Woman and other Historical Adventures*, Del Rey Books, 2011.

Sinopse: Viena. 1529. As hostes de Soliman, o Magnífico, estão se aproximando dos portões da cidade. Alheio a esses eventos portentosos, Gottfried von Kalmbach acorda com alguma dificuldade depois de uma noite de devassidão em uma taverna. Minutos depois, enquanto ele ainda está meio intoxicado, é forçado a entrar em ação quando os invasores de Soliman chegam ao local, liderados por Mikhal Oglu, o abutre, o caçador impiedoso do sultão. E Soliman tinha colocado um preço pela cabeça de von Kalmbach.

Comentário: O cerco de Viena em 1529. A batalha pela cidade que foi a porta de entrada da Europa para Soliman, o Magnífico. Um assunto que foi eminentemente adaptado por Howard, e que resultou em uma obra-prima, apresentando dois de seus personagens mais memoráveis, e uma série de passagens esplêndidas. Antes de começar a escrever, Howard reviu o assunto extensivamente, mas não foi em um livro de história que ele encontrou seu protagonista, Gottfried von Kalmbach. O meio corajoso, meio bêbado, lúgubre, ovelha negra de uma família ilustre, que há muito tempo trocou quaisquer ideais de fama e glória pela garrafa de vinho mais próxima, foi obviamente inspirado por Falstaff, de Shakespeare. E em Sonya, de Rogatino, Howard deu a Gottfried a companheira perfeita. Uma suposta irmã (imaginária) de Roxelana (real), uma concubina de Soliman, Sonya é uma ruiva ardente. Uma guerreira habilidosa e tempestuosa, ela é definitivamente atraente: "Ela se posiciona como um homem, com as pernas firmes, enfiadas em botas, bem afastadas, os polegares enganchados no cinto, mas ela é toda mulher". Ela é a rocha contra a qual Gottfried von Kalmbach vai primeiro esbarrar, depois se apoiar, enquanto tenta recuperar sua dignidade ao passo que o mundo à sua volta mergulha no apocalipse. Se o personagem de Gottfried não estava destinado a se tornar famoso, o destino de Sonya era excepcional. Quando Roy Thomas — o escritor da revista em quadrinhos Conan, o Bárbaro, da Marvel Comics — decidiu adaptar a história e transformá-la em uma história de Conan no processo, ele simplesmente retirou o Gottfried beberrão e grande apreciador de putas, como era no conto original, apagando alguns dos aspectos mais cômicos e lamentáveis do personagem para transformá-lo em um Conan da Marvel Comics. Red Sonya tornou-se Red Sonja (uma ligeira variação "hiboriana" em seu nome). Como ilustrado por Barry Smith, a personagem era bastante fiel ao conto original de Howard, mas Sonja não se tornaria um sucesso até suas aparições posteriores, quando foi decidido que ela estaria vestida com um biquíni de cota de malha e botas de couro. A ideia encontrou uma tremenda aprovação do público libidinoso e principalmente masculino adolescente que constituía o núcleo de leitores da Marvel, e Red Sonja tornou-se um autêntico ícone *kitsch*.[67] Infelizmente, as pessoas criticaram Howard por ter criado um personagem tão bobo, reforçando a imagem de "escritor machista" que já estava atormentando sua reputação. Então, vale a pena repetir que a primeira e única aparição de Sonya foi em Viena, em 1529, em um dos melhores contos históricos de Howard.

13. "Queen of the Black Coast"

Tradução: Rainha da Costa Negra.
Escrito: julho / agosto de 1932.
Primeira publicação: *Weird Tales*, maio de 1934.
Edição moderna recomendada: *The Coming of Conan the Cimmerian*, Del Rey Books, 2003.

---

[67] *Aquilo que se caracteriza pelo exagero sentimentalista, melodramático ou sensacionalista.*

Sinopse: Conan chega a uma velocidade vertiginosa no cais e pula a bordo do *Argus*, o navio do Mestre Tito, a caminho do reino de Kush. O cimério explica que ele estava fugindo da lei, depois de ter escapado do tribunal onde estava sendo julgado por ter ajudado um amigo. Pouco tempo depois, uma vela aparece no horizonte e Tito percebe logo que era o *Tigresa*, o navio de Bêlit, a Rainha da Costa Negra, a "mais selvagem mulher-demônio ainda viva". Os homens de Tito se preparam para receber o ataque que se aproxima.

Comentário: "Rainha da Costa Negra" é um dos contos mais famosos de Conan, e com razão, principalmente devido a Bêlit, que a imaginação popular (sem dúvida ajudada pela Marvel Comics) transformou-a, desde então, no maior ou único "Amor verdadeiro" de Conan. O texto é fascinante e sua construção evoca um mergulho inicial nas profundezas do inconsciente, começando no pesadelo que são as formalidades civilizadas em Argos para se encontrar equilíbrio na vida vicária de um pirata e concluindo novamente na forma terrível de um pesadelo, desta vez navegando por um rio soturno até o coração da escuridão, onde os piratas encontrarão sua destruição na forma do que, uma vez, já foi a forma definitiva de civilização, desde então decaída ao abismo da maior selvageria, concluindo assim o ciclo de gerações.

Bêlit é tudo, menos o "verdadeiro amor" de Conan, e sua relação é tudo menos romântica. Ela é, em primeiro lugar e acima de tudo, uma guerreira gananciosa e sedenta de poder, cuja relação com Conan é tingida com mais do que uma sugestão de sadomasoquismo. O funeral que Conan organiza para ela nos últimos parágrafos não é o de um amante de coração partido, mas daquele tipo que guerreiros vikings ofereciam a um irmão-de-escudo ou uma irmã-de-espada morta. É a "companheira guerreira" que Conan mais lamenta, não a amante perdida. (Quanto àquela lágrima que Conan supostamente derrama, você provavelmente está se lembrando da versão da Marvel Comics.)

O imaginário do texto, com sua triunfante mulher branca e nua, dominando uma tripulação de guerreiros negros, é poderosa e arquetípica, se não problemática. Também remonta a história ao final da era vitoriana e à primeira metade do século XX, evocando personagens clássicos como *She* de Rider Haggard, ou *La de Opar* nos romances de Tarzan de E. R.

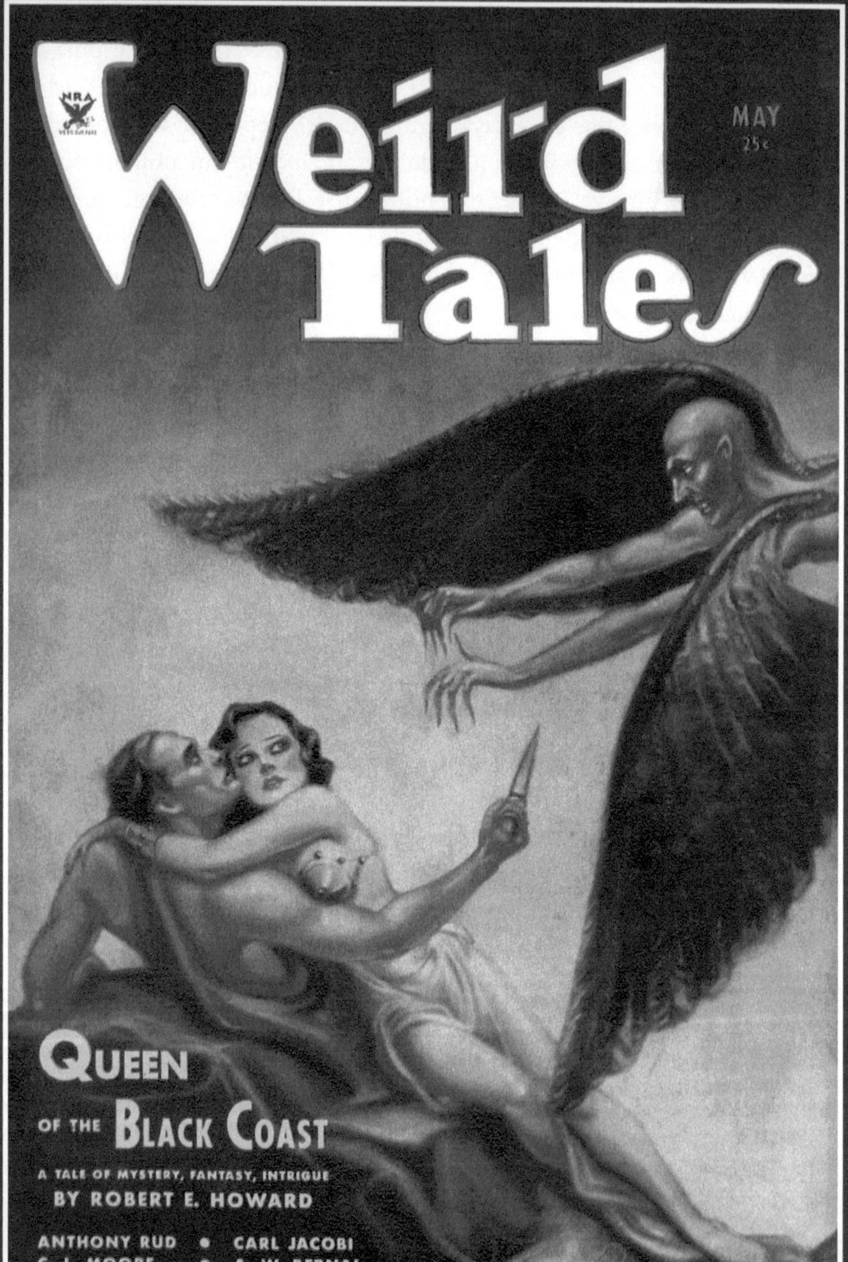

Edição da Weird Tales de maio de 1934 com a história "Rainha da Costa Negra".
Arte por Margaret Brundage.

Burroughs.

14. "The Man on the Ground"

Tradução: O Homem no Chão.
Escrito: em algum momento entre outubro e dezembro de 1932.
Primeira publicação: *Weird Tales*, julho de 1933.
Edição moderna recomendada: *Grim Lands: The Best of Robert E. Howard Volume 2*, Del Rey Books, 2007.

Sinopse: Um ódio eterno gera oposição entre Cal Reynolds e Esaú Brill. Uma rivalidade que se estende por anos, embora nenhum dos dois se lembre exatamente do que começou. Uma disputa por alguma coisa, que de alguma forma cresceu e assumiu proporções monstruosas e medonhas, a ponto de destruir todos os outros aspectos de suas respectivas vidas. Quando a história começa, os dois homens acabam de se encontrar em um local isolado. Um tiro é disparado.

Comentário: "O Homem no Chão" é um conto muito curto escrito com o mais extremo cuidado e com uma secura particularmente bem adaptada ao assunto. Este é o Texas de Howard, o pano de fundo com o qual ele estava profundamente familiarizado, com seus pecuaristas, sua geografia peculiar, sua vegetação e suas disputas. O tema e a história são enganosamente simples (como é frequentemente o caso em Howard), mas ele opera uma reviravolta magistral nas convenções do gênero, transformando o herói do conto em algo que ele não poderia ser logicamente. Cal Reynolds é um homem que não vive realmente. Ele simplesmente é, e toda a sua existência é resumida por seu ódio a Brill (e vice-versa). Esse ódio visceral ao outro lentamente se torna a única coisa que o anima, no sentido estrito da palavra. Ele é definido por isto, e seu corpo terreno tornou-se apenas uma casca, um veículo humano para a encarnação de seu ódio. Ele é ódio personificado, e ele só poderia "morrer" quando encontrasse a libertação matando Brill. Estamos na presença de um tema que percorre todo o corpo de ficção de Howard, no qual alguns indivíduos parecem definidos e animados apenas por um ódio que literalmente os consome. Lembramos da curta discussão entre dois guerreiros cuja vida inteira foi dedicada à destruição de seus inimigos, na história de Conan "Pregos Vermelhos". Um pergunta ao outro o que vai acontecer com eles depois que seus inimigos forem descartados: "Não parecerá estranho, não ter inimigos contra quem lutar? Toda a minha vida eu lutei e odiei os Xotalancas. Com a rixa terminada, o que vai restar?" Ao que seu companheiro não tem resposta: "Xatmec encolheu seus ombros. Seus pensamentos nunca tinham ido além da destruição de seus inimigos. Eles não poderiam ir além disso."

15. "Sword Woman".

Tradução: A Espadachim.
Escrito: muito provavelmente em junho ou julho de 1934.
Primeira publicação: *REH: Lone Star Fictioneer #2, Nemedian Chronicles*, verão de 1975.
Edição moderna recomendada: *Sword Woman and other Historical Adventures*, Del Rey Books, 2011.

Sinopse: Normandia, França, início do século XVI. É o dia em que a ruiva Agnes, da aldeia de *La Fere*, se casará com o homem que seu pai, um ex-soldado com um passado sombrio, escolheu para ela. Com a cerimônia prestes a começar, a irmã de Agnes vai até ela. Implora a Agnes para que não siga seu caminho, para não repetir seu erro. Ela, que costumava ser uma mulher bonita, tornou-se em poucos anos, depois de um casamento forçado, uma camponesa arqueada e abatida, com mais nada de seu espírito de outrora. Ela dá uma faca a Agnes, implorando à irmã para evitar o destino no qual estava para entrar. Mas longe de se matar (como era obviamente a sugestão de sua irmã), Agnes vai até seu futuro marido e age no impulso: "Minha adaga foi embainhada em seu coração de porco antes dele perceber que eu tinha golpeado, e eu gritei com uma alegria louca ao ver a expressão estúpida de incredulidade e dor inundar seu semblante avermelhado, eu soltei a adaga e ele caiu, gorgolejando como um porco abatido, e jorrando sangue entre seus dedos contorcidos — os quais se agarraram nas pétalas de sua corrente nupcial." Segundos depois,

Agnes está correndo, fugindo de casa para sempre.

Comentário: Ainda hoje, "A Espadachim" continua sendo um texto poderoso (embora longe de ser perfeito). Que Howard, que muitos ainda consideram um misógino, escreveu este texto em 1934 é simplesmente inacreditável, dado seu ambiente. Catherine L. Moore, uma lendária escritora da *Weird Tales* que ele enviaria a história alguns meses depois (provavelmente depois de ter sido rejeitada por várias revistas) não poderia tê-la elogiado mais. Na época, Moore estava escrevendo uma série para *Weird Tales* apresentando sua própria heroína ruiva, *Jirel de Joiry*. Por uma incrível coincidência, os dois escritores criaram, ao mesmo tempo, independentemente, personagens surpreendentemente semelhantes. Howard, que estava cada vez mais dissociando-se da revista e do gênero, escreveu seu conto com um mercado de aventura em mente, mas não conseguiu vender. Isto ocorreu provavelmente porque "A Espadachim" era um pouco diferente e ousada para a época, mas não por causa das liberdades do conto com verossimilhança (Agnes se tornando uma espadachim experiente em questão de páginas). As outras duas histórias de Agnes escritas por Howard nunca chegariam às alturas da primeira: uma vez que ele entendeu que nunca venderia a série como ela fora concebida, o texano tentou novos ângulos, sem sucesso, e simplesmente parou de tentar quando entendeu que para vender a série, ele teria que renunciar precisamente aquilo que a tornou original. O elemento agridoce aqui é que Moore, influenciado pelos contos de Conan escritos por Howard, criou uma personagem de fantasia feminina e vendeu sua série para a *Weird Tales*, impedindo Howard de transformar sua série em uma também. Howard foi mais uma vez confinado pelos limites do mercado de *pulps* e pelas expectativas dos editores de não querer ultrapassar os limites do que era um mercado muito estereotipado. Em "A Espadachim", Howard nos diz que qualquer pessoa deve estar em posição de ter a vida que deseja, seja qual for o *status* social ou sexo. Um pouco ousado demais. Curiosamente, algumas semanas depois de ter completado "A Espadachim", ele começou a namorar Novalyne Price, uma jovem de espírito particularmente forte, que não tinha intenção de se tornar uma esposa dona-de-casa. Howard, que em alguns aspectos era um homem de seu tempo e de seu lugar no chamado "sexo frágil", logo foi confrontado com suas contradições quanto ao *status* das mulheres. Poucos meses depois, ele escreveria "Pregos Vermelhos", co-estrelada por Conan e Valéria, sobre a qual falaremos mais à frente.

16. "Beyond the Black River"

Tradução: Além do Rio Negro
Escrito: por volta de agosto de 1934
Primeira publicação: *Weird Tales*, maio e junho de 1935 (em duas partes)
Edição moderna recomendada: *The Conquering Sword of Conan*, Del Rey Books, 2005

Sinopse: O rei da Aquilônia não dá ouvidos às súplicas de seus capitães aquartelados nos postos avançados ocidentais de seu reino. Eles notaram que as numerosas tribos pictas que vivem além dos rios que marcam o fim da civilização e o início da vida selvagem, estão agindo de uma maneira cada vez mais ameaçadora. A situação é ainda mais alarmante, pois, pela primeira vez, os pictos encontraram em Zogar Sag um líder e um homem capaz de unir sob o seu nome os vários clãs guerreiros. Divididas, as tribos eram, na melhor das hipóteses, um incômodo esporádico em um punhado de habitações. Unidas, elas são uma ameaça ao *status quo*. A história começa quando Conan mata um picto e assim salva a vida de Balthus, um jovem colonizador recém-saído da província de Tauran. Por outro lado, ele está muito atrasado para salvar um segundo alvo, o comerciante Tiberias, que havia sido indiretamente responsável pela prisão de Zogar Sag. O xamã havia conseguido escapar, jurando morte a todos que contribuíram de uma forma ou de outra para sua captura. No caso de Tiberias, um demônio do pântano cumpriu a tarefa terrível e decapitou o comerciante em nome de Zogar Sag. O confronto entre os pictos e os colonos aquilonianos está prestes a se tornar uma revolta em grande escala, no momento em que os últimos estão mal equipados, e o rei se recusa a enviar reforços.

Comentário: Como é costume com Howard, é preciso tomar o que ele

Ilustração original "Além do Rio Negro" de Hugh Rankin para a Weird Tales.

tinha a dizer sobre o conto com uma pitada de sal. Assim, para Derleth, ele escreveu: "Eu queria ver se eu conseguiria escrever um conto de Conan interessante sem o apelo sexual." Uma descrição lacônica dessa obra-prima, se é que já houve uma. Para Lovecraft, ele explicou: "Nessa história de Conan, eu tentei inteiramente um novo estilo e cenário — abandonei as configurações exóticas de cidades perdidas, civilizações decadentes, cúpulas douradas, palácios de mármore, dançarinas vestidas de seda, etc., e joguei minha história contra um cenário de florestas e rios, cabanas de troncos, postos fronteiriços avançados, colonos vestidos de camurça e membros de tribos pintados." O que é mais explícito, mas não faz justiça ao conto e ao que Howard estava tentando alcançar. Logicamente seria para Novalyne Price, sua namorada, que Howard confiaria suas esperanças para a história: "Eu vendi o conto então para Wright há alguns meses... estou surpreso por ele ter aceitado. É diferente dos meus outros contos de Conan... sem sexo... apenas homens lutando contra a selvageria e bestialidade prestes a engolfá-los... Está cheio de pequenas coisas importantes da civilização, pequenas coisas que fazem os homens pensarem que vale a pena viver e morrer pela civilização." Price escreveu em seu diário: "Ele estava animado com isso porque era sobre este país e vendeu! Ele tinha um afinco para escrever mais sobre este país, não sobre um simples vaqueiro, ou um tiroteio no oeste selvagem, embora Deus soubesse que esse país estava repleto de contos como aqueles esperando para serem escritos. Mas em seu coração, ele queria dizer muito mais. Ele queria contar a história simples deste país e as dificuldades que os colonos haviam sofrido, confrontados com um amedrontado povo semibárbaro - os índios, que tentavam se apegar a um modo de vida e a um país que amavam."

Muitos críticos consideram "Além do Rio Negro" o melhor da série Conan e da carreira de Howard. Suas linhas finais tornaram-se famosas e são frequentemente usadas como epítome da filosofia sinistra do cimério (embora não seja Conan, mas um lenhador anônimo que profere as palavras): "O barbarismo é o estado natural da humanidade... Civilização é antinatural. É um capricho das circunstâncias. E o barbarismo, no fim, deve sempre triunfar."

Todos os personagens que não são bárbaros encontram sua história no conto: Tiberias, o comerciante, símbolo de opulência civilizada e arrogância, relutante ou incapaz de ajustar seus modos civilizados à vida na Fronteira. Mas até mesmo os lenhadores, nascidos na civilização, mas tendo vivido suas vidas na Fronteira, não podem esperar prevalecer: "Eles eram filhos da civilização, revertidos a um semibarbarismo. [Conan] era um bárbaro de mil gerações de bárbaros. Eles haviam adquirido furtividade e habilidade, mas [Conan] nascera com essas coisas. Ele os superava mesmo na economia de movimento. Eles eram lobos, mas ele [Conan] era um tigre." Os homens da fronteira, Balthus e Valannus morrem por causa disso, e a genialidade de Howard está em não sacrificar sua história por causa das convenções usuais do gênero. Morram aqueles que têm que morrer, sobrevivam aqueles que podem. Howard faz um grande esforço para nos explicar que Conan tem muito mais em comum com os pictos — contra os quais ele está lutando — do que com os aquilonianos que ele está ajudando. Isto é destacado pelo episódio de Venarium relatado por Balthus, discutindo uma batalha que aconteceu anos atrás: "Os cimérios se aglomeraram nos muros... Os bárbaros saíram das montanhas em uma horda arrebatadora, sem aviso, e atacaram Venarium com tanta fúria que ninguém poderia fazer frente a eles. Homens, mulheres e crianças foram massacrados. Venarium foi reduzida a uma massa de ruínas carbonizadas, como é até hoje." O comentário de Conan sobre essa tragédia é tão curto quanto efetivo: "Eu estava [lá]. Eu era um dos que estavam na horda que se apinhava nos muros". Em outras palavras, Conan — e os cimérios — fizeram aos aquilonianos exatamente o que os pictos tentaram fazer no decorrer da história. Conan é um cimério, portanto "tão feroz quanto os pictos e muito mais inteligente", e isso explica por que ele vai sobreviver.

Howard se distancia de sua criação nesse conto, onde Conan se torna quase sobre-humano. Ele tem a maior confiança em si mesmo, é frequentemente comparado a um gigante, seu nome já era repetido diante das fogueiras do conselho, e onde ele sobrevive, todos os outros personagens morrem. É, mais uma vez, uma história em que é difícil para o leitor projetar-se em um personagem que os *pastiches* e várias adaptações continuam descrevendo como um "herói" (no sentido de modelo, ou personagem que gostaríamos de ser). Conan sobrevive porque ele é o mais duro, porque ele pertence àqueles que uma vez massacraram homens, mulheres e crianças durante o saque de Venarium, porque em um conto onde os personagens simpáticos são colonos, pessoas que têm uma família, Conan declara: "Sou um mercenário. Vendo minha espada ao maior lance. Nunca plantei trigo e nunca o farei, enquanto existir outras colheitas a serem feitas com a espada." Conan sobrevive porque é um matador elemental. Nem Balthus (por meio do qual os críticos há muito reconheceram o próprio Howard) nem nós, leitores, jamais sobreviveríamos a um ataque dos pictos.

17. "Black Canaan"

Tradução: Canaã Negra
Escrito: agosto e / ou setembro de 1934.
Primeira publicação: *Weird Tales*, junho de 1936.
Edição moderna recomendada: *The Horror Stories de Robert E. Howard*, da Del Rey Books, 2008.

Sinopse: Kirby Buckner deixou seu Arkansas natal há muitos anos. Mas quando ele recebe uma mensagem pedindo-lhe para voltar para casa em Canaã, a terra de seus ancestrais, onde um problema está se formando, ele não hesita por um instante. Um misterioso indivíduo conhecido como Saul Stark, auxiliado por uma jovem igualmente misteriosa, está fomentando uma revolta contra os colonos brancos. Stark é aparentemente dotado de poderes sobrenaturais. Assim que Buckner chega à região, ele cai sob o domínio hipnótico da mulher sexualmente sedutora e se torna seu fantoche. Tudo o que ela quiser que ele faça, ele fará.

Comentário: "Canaã" provavelmente nunca seria incluída em uma lista das "20 melhores histórias de Howard" selecionada por um crítico americano, simplesmente porque a palavra "*nigger*"[68] aparece muitas vezes no decorrer da história. A história é geralmente vista como particularmente racista, embora não seja em absoluto. Lidando com assunto sensível e / ou doloroso? Sim. Racista? De modo nenhum. Certamente, todos os personagens brancos do conto são, na pior das hipóteses, racistas horríveis, paternalistas indefensáveis na melhor das hipóteses, mas esses elementos da história não nos dão uma pista sobre qual era o posicionamento de Howard. Não nos diz que Howard era racista, não nos diz que ele também não era racista: é apenas um conto em que Howard retrata personagens racistas, em um texto escrito na primeira pessoa por um branco masculino, e que ocorre no extremo sul no final do século XIX. A maioria dos personagens brancos em "Canaã" beira o imbecil, para dizer o mínimo,

---

[68] *Nigger (negro) em inglês é um termo demasiado pejorativo e preconceituoso, correspondente a "crioulo" em português.*

e parece desprovida de qualquer poder de pensamento coerente. Canaã é um enclave, isolado do mundo exterior, ou talvez congelado no tempo. Apenas Kirby Buckner tem mais inteligência que seus ex-amigos, usando a palavra "*nigger*" apenas quando ele fala com os outros personagens, nunca quando ele se dirige ao leitor. Como o próprio Howard escreveu em uma carta a Lovecraft, discutindo o caráter e as configurações da vida real que mais tarde serviriam de base para "Canaã Negra": "gente branca pouco acima do negro na civilização e muito mais perigosa e agressiva".

O tema principal da história não está ali. As relações entre os brancos e os negros fornecem apenas o pano de fundo para o conto, e com a possível exceção de Buckner (e não o tempo todo), não há personagens para os quais o leitor possa projetar-se. Branco / preto, pântano / cidade, Canaã / mundo exterior, terra / brejos; o conto é um estudo da dualidade e da oposição. "Canaã" é, em muitos pontos, uma jornada de volta ao começo — algo prontamente aparente na toponímia. Gosén, na Bíblia, é o nome dado à terra prometida de Canaã após o Êxodo. A escolha do nome não deve nada ao acaso. Howard afirmou que seu conto foi "colocado na verdadeira Canaã, que fica entre o *Tulip Creek* e o *Ouachita River*, no sudoeste de Arkansaw, a terra natal dos Howards".

Isaac Howard, pai de Bob Howard, nasceu e passou os primeiros quinze anos de sua vida naquela região. "Canaã" é, portanto, uma jornada de volta para onde tudo começou, descrito em termos inequívocos como um triângulo úmido e coberto de musgo, e que provavelmente teria dado a Sigmund Freud um dia de campo. "Canaã" é, portanto, o conto em que o filho volta para a terra que lhe deu origem, a contrapartida exata dos contos de Conan, em que o cimério encontrou sua terra natal tão triste e sombria que a deixou para sempre. Deve ser óbvio que este assunto está muito longe de se esgotar. "Canaã" é incrivelmente rica no nível simbólico, uma dimensão que nunca foi vista e explorada por causa da cortina de fumaça da questão "racial", cuja função é justamente esconder o que a história realmente trata...

18. "Vultures of Wahpeton"

Tradução: Abutres de Wahpeton.
Escrito: setembro de 1934.
Primeira publicação: *Smashing Novels Magazine*, dezembro de 1936.
Edição moderna recomendada: *Grim Lands: The Best of Robert E. Howard Volume 2*, Del Rey Books, 2007.

Sinopse: John Middleton, xerife de Wahpeton, chega tarde demais para salvar seu vice, Jim Grimes, abatido a sangue frio em um dos salões da cidade. Ele avisa a todos que as coisas agora vão mudar, e anuncia que contratou os serviços de um pistoleiro do Texas, que o ajudará a restaurar a lei e a ordem. Na manhã seguinte, dois estranhos se encontram nas colinas próximas. Eles se envolvem em conversas, aparentemente de maneira amigável, mas o leitor logo percebe que as aparências enganam: ambos sabem perfeitamente quem é o outro. Eles sacam no mesmo momento, e um cai no chão, morto a tiros. John Middleton chega neste preciso momento. O homem morto era o pistoleiro mortífero que ele havia contratado. Sempre pragmático, ele conclui que o recém-chegado, Corcoran, deve ser um atirador ainda melhor, e o contrata na hora para ajudar a limpar o ninho do urubu que é o Wahpeton. Corcoran está prestes a descobrir que a situação em Wahpeton é muito mais complexa do que Middleton insinuou.

Comentário: Howard teve muitas dificuldades em vender "Abutres" para os editores de *pulps* daqueles dias. Parece que foi a última história que ele vendeu em junho de 1936, depois de ter circulado por mais de um ano e meio. A qualidade do conto provavelmente não era a causa, mas o ângulo que Howard adotara e a originalidade de seu tratamento, vinte anos antes de qualquer coisa que aparecesse nas bancas da época. Howard provavelmente sentiu que estava indo longe demais e escreveu dois finais, o regular lógico e amargo, e o conveniente "final feliz", longe de ser convincente e que fere consideravelmente o impacto e o alcance do conto.

Em "Abutres", as pessoas não são quem parecem ser. É muito tentador ler o conto como uma reescrita expandida, disfarçada de *western*, de "O

Reino das Sombras", com seu clima de paranóia desenfreada. Sua escrita provavelmente foi motivada por um trabalho de revisão que Howard acabara de concluir, com um tema semelhante, intitulado incidentalmente "*Vultures' Sanctuary*"[69] e marcadamente inferior a "Abutres". Como se Howard tivesse visto o potencial do conto e tivesse escrito sua própria versão assim que terminasse a revisão.

Ninguém é verdadeiramente preto ou branco em "Wahpeton", no qual os valores tradicionais são invertidos. Os "mocinhos" vestem as roupas dos maus e vice-versa. Impossível não pensar nos primeiros minutos de "*The Wild Bunch*"[70] de Sam Peckinpah ao ler o início do conto de Howard, ambas as histórias brincando com o choque que vem da descoberta de que os "heróis" não eram quem pensávamos que fossem, e que a função não faz o homem. Quase totalmente desprovido dos clichês que assolavam o gênero, é preciso apenas ter um punhado de revistas de *western* dos anos 30 para compreender plenamente a profundidade da fenda que separa o texto de Howard do conto *pulp* comum.

19. "Pigeons from Hell"

Tradução: Pombos do Inferno
Escrito: novembro e / ou dezembro de 1934.
Primeira publicação: *Weird Tales*, maio de 1938.
Edição moderna recomendada: *Grim Lands: The Best of Robert E. Howard Volume 2*, Del Rey Books, 2007.

Sinopse: Griswell acorda lentamente. Lembra. Ele e seu amigo Branner, ambos da Nova Inglaterra, refugiaram-se durante a noite em uma velha mansão deserta em algum lugar no sul. Eles dormiram nas tábuas do piso térreo. Griswell teve um sono agitado. Enquanto seus olhos lentamente se acostumam com a escuridão, ele lembra que foi um barulho que o acordou. Ele distingue a figura de seu amigo, descendo devagar os degraus do segundo andar, um machado preso em seu crânio, obviamente morto.

---

[69] *Santuário dos Abutres.*
[70] *O Bando Selvagem.*

"Pombos do Inferno", ilustração de Virgil Finlay para a edição da Weird Tales de maio de 1938.

Comentário: O título "Pombos do Inferno" é, do ponto de vista moderno, longe de ser aterrorizante (exceto talvez para aqueles leitores que vivem em áreas metropolitanas invadidas pelas ditas criaturas), mas para um leitor americano dos ex-Estados Confederados vivendo no rescaldo da Guerra da Secessão e / ou durante a Reconstrução, seria mais do que inquietante.

Em setembro de 1930, Howard, que havia acabado de iniciar o que se tornaria a maior correspondência de sua vida, com H. P. Lovecraft, explicou: "No que diz respeito às fontes de lendas africanas, lembro-me bem das histórias que escutei e estremeci, quando era criança na 'floresta de pinheiros' do leste do Texas, onde o *Red River* marca os limites do

Arkansaw e do Texas. Havia um bom número de velhos escuros que ainda viviam naquela época. Aquela a quem eu mais escutava era a cozinheira, a velha tia Mary Bohannon... A tia Mary dizia que quando um bom espírito passa, uma lufada de ar fresco o segue; mas quando um espírito maligno passa, uma explosão das portas abertas do Inferno o segue... Outra história que ela contou que muitas vezes encontrei no folclore dos negros. O cenário, o tempo e as circunstâncias são alterados dependendo do narrador, mas o conto continua basicamente o mesmo. Dois ou três homens — geralmente negros — estão viajando em um vagão por algum distrito isolado — geralmente um largo e deserto fundo do rio. Eles chegam às ruínas de uma plantação, outrora próspera, ao anoitecer e decidem passar a noite na casa da fazenda abandonada. Essa casa é sempre imensa, taciturna e ameaçadora, e sempre, à medida que os homens se aproximam da varanda alta e cheia de colunas, através das ervas daninhas altas que cercam a casa, um grande número de pombos se ergue dos seus poleiros no parapeito e voa para longe. Os homens dormem na grande sala da frente com a lareira em ruínas e, à noite, são acordados por um chocalhar de correntes, ruídos estranhos e gemidos do andar de cima. Às vezes, passos descem as escadas sem causa aparente. Então uma terrível aparição surge para os homens que fogem aterrorizados. Esse monstro, em todos os contos que ouvi, é invariavelmente um gigante sem cabeça, nu ou vestido com uma peça disforme de roupa, e às vezes está armado com um machado largo. Este tema aparece repetidamente no folclore negro... Mas através da maioria das histórias que ouvi na minha infância, a velha e sombria casa de fazenda assomava como um horroroso pano de fundo e o horror humano ou semi-humano, com a cabeça decepada entrelaçada na fibra dos mitos."

"Pombos do Inferno" não é apenas um conto de terror; é especificamente um conto de horror do sul americano. É também (como o crítico Brian Leno mostrou conclusivamente) uma reação e um ataque a H. P. Lovecraft, que havia explicado que a Nova Inglaterra — a região nativa de Lovecraft — era "o" cenário perfeito para um conto de terror. Com "Pombos", Howard demonstra o absurdo da alegação de Lovecraft e, insidiosamente, atira em seu colega de Providence, em um eco claro das muitas vezes virulentas trocas de suas cartas na época. O fato de os dois viajantes serem da Nova Inglaterra não é coincidência, assim como o título de alguns capítulos — "O Assobiador no Escuro"[71] ou "O Chamado do Zuvembie",[72] ecoando "O Sussurrador no Escuro"[73] e "O Chamado de Cthulhu"[74] de Lovecraft. Griswell parece incapaz de reagir ao que está acontecendo com ele, a não ser fugir, desmaiar e sentir-se enjoado, na típica forma protagonista de Lovecraft. A atitude de Buckner, o insensato xerife local, traz um contraste impressionante. Mesmo que tenha dificuldade em acreditar em Griswell a princípio, ele nasceu e foi criado na região e, portanto, está perfeitamente ciente das manifestações ocasionais do sobrenatural na área. Quando a luz de sua tocha o abandona, não é tanto o mistério inexplicável em torno da ocorrência que o faz pausar, mas as consequências que isso pode ter na segurança dele e de Griswell. Buckner é o personagem que enraiza firmemente o horror do passado da história no mundo contemporâneo em que os personagens evoluem. A casa isolada e deserta do conto compartilha muitos pontos em comum com outros lugares isolados ou remotos na ficção de Howard, como o enclave de "Canaã Negra" e a cidade de Xuchotl em "Pregos Vermelhos", lugares que frequentemente são cenários privilegiados para o terror.

Howard se esforça em nunca revelar a localização exata do conto, dando à sua narrativa um escopo mais amplo do que "Canaã" e um certo nível alegórico. "Pombos" é sobre horror na parte sul dos EUA, pelo qual se deve entender os ex-Estados Confederados. Em uma escala mais ampla, "Pombos" é uma alegoria soberba da decadência da "aristocracia" do Sul, logo após a Guerra da Secessão, uma era que pertence ao passado dos protagonistas, mas onde os fantasmas — ou melhor, os *zuvembies*[75] — ainda assombram a região décadas depois, lembranças da herança sinistra de uma era em que riqueza, elegância e orgulho muitas vezes ocultavam as atrocidades perpetradas contra os escravos. As simpatias de Howard nesse conto estão claramente com a mulata, maltratada por sua senhora, e que decretará sua terrível vingança sem ser capturada ou punida.

---

[71] *"The Whistler in the Dark".*

[72] *"The Call of the Zuvembie".*

[73] *"The Whisperer in the Dark".*

[74] *"The Call of Cthulhu".*

[75] *Zuvembie é uma criatura criada por Robert E. Howard em seu conto "Pombos do Inferno", publicado na Weird Tales em 1938. Na década de 1970, a Marvel Comics usou o termo no lugar de "zumbi", que havia sido banido pelo Comics Code Authority.*

Howard muitas vezes declarou que os escravos nas "plantações" de seus ancestrais (um exagero) nunca eram maltratados ou mal utilizados. Ele provavelmente não estava ciente das exações de seu bisavô Henry Howard, cujo sogro diria: "Eu sou da opinião de que escravos e negros devem ser tratados com humanidade, portanto minha vontade e desejo é que nenhum dos meus negros deve cair nas mãos de Henry Howard." Parece que havia zuvembies escondidos na ancestralidade de Howard.

20. "Red Nails"

Tradução: Pregos Vermelhos.[76]
Escrito: final de junho e julho de 1935.
Primeira publicação: *Weird Tales*, agosto, setembro / outubro e novembro de 1936 (em três partes).
Edição moderna recomendada: *The Conquering Sword of Conan*, Del Rey Books, 2005.

Sinopse: Conan eventualmente alcança Valéria da Irmandade Vermelha depois de uma longa perseguição. A jovem teve que fugir da cidade de Sukhmet depois de matar um insistente oficial stygio que havia feito avanços a ela. Valéria não fica particularmente impressionada com Conan, tendo entendido perfeitamente bem no que o cimério estava interessado: "um garanhão não poderia ter deixado isso mais claro", ela diz a ele. Enquanto estavam envolvidos em uma discussão animada, eles são atacados por um "dragão" da Era Hiboriana (quase sempre ilustrado como um

[76] *Na primeira publicação da versão em quadrinhos de "Pregos Vermes" no Brasil (editora Abril, agosto de 1984), a história foi rebatizada (como é uma prática, muitas vezes, comum e infame por aqui), recebendo o pomposo novo título de "A Cidadela dos Condenados". Está certo, o título tem um apelo e não é de todo ruim, mas se Howard desejasse outro título para sua história, ele mesmo o teria dado. Acredita-se que o novo título teria surgido para evitar a ambiguidade do título original em inglês "Red Nails", onde "nails" pode tanto significar "pregos" quanto "unhas", por isso, alguns, ao tentar manter uma fidelidade a Howard, traduzem como "Unhas*

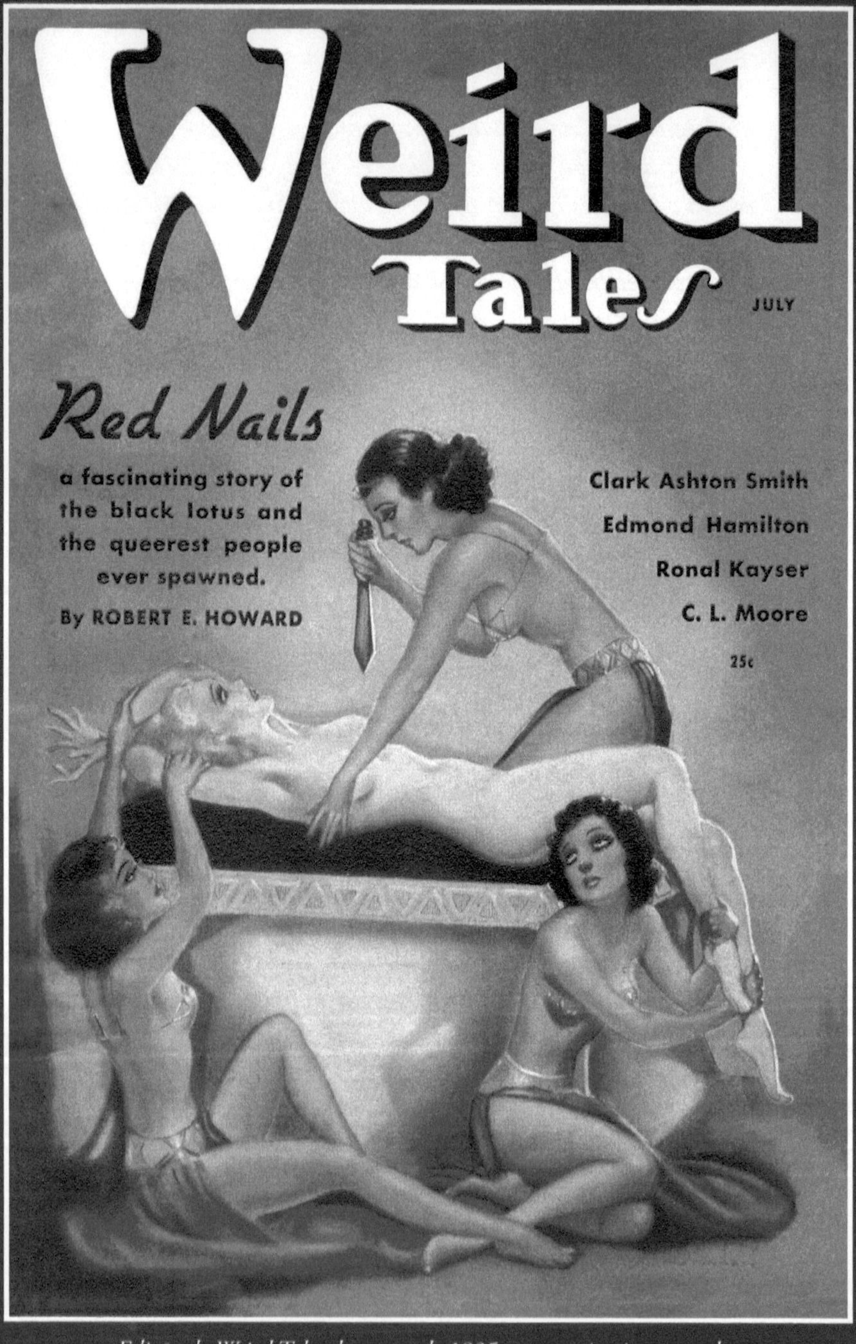

Edição da Weird Tales de agosto de 1935 com a primeira parte de "Pregos Vermelhos". Arte por Margaret Brundage.

estegossauro, embora a descrição seja claramente a de um espinossauro). Depois de uma luta assustadora, Conan e Valéria mal conseguem fugir com suas vidas, não tendo ideia de que acabavam de matar o último dos animais que vagavam pela região em torno da cidade que logo descobrem à distância. Logo descobrirão que a cidade é de fato muito peculiar, inteiramente murada, pavimentada, coberta e desprovida de janelas. Xuchotl — eles aprenderão mais tarde seu nome — é literalmente separada do mundo exterior. Não demora muito para eles se depararem com o primeiro habitante da cidade.

Comentário: Na primavera de 1935, Howard declarou que estava prestes a escrever mais uma história de Conan, enquanto estava perfeitamente ciente de que a *Weird Tales* estava em terreno financeiro instável e, portanto, que levaria meses, talvez anos, até que ele conseguisse alguma coisa em forma de pagamento. O conto vinha germinando há muito tempo, uma vez que ele já mencionava certos aspectos da história em conversas que teve com Novalyne Price em dezembro de 1934, mas a fase de escrita só começou depois que ele visitou Lincoln, Novo México, onde ocorrera a Guerra Sangrenta do Condado Lincoln. Foi lá que ele encontrou os últimos elementos de que precisava e onde a história "se solidificou" — como ele disse. Sua explicação detalhada para Lovecraft vale a pena ser lida, dando preciosas pistas sobre o que ele estava fazendo com este conto

"Quando soube da morte de Robert Howard, fiquei muito perturbada. Eu entrei no escritório um dia e Wright me informou sobre o suicídio de Howard. Nós dois nos sentamos e choramos a maior parte do dia. Ele sempre foi meu favorito."
- Margaret Brundage

Vermelhas". Entretanto, depois de algumas conversas entre este tradutor e alguns especialistas em Howard (incluindo o autor deste volume), podemos afirmar, sem a menor dúvida, que a tradução correta é, de fato, "Pregos Vermelhos", não "unhas vermelhas", muito menos "A Cidadela dos Condenados". Felizmente, esse erro atroz foi corrigido com a publicação de "Pregos Vermelhos" (Newton Compton, 1996) que teve a sábia decisão de respeitar o título original. Quando nos colocamos no caminho de fazer justiça a Howard, mesmo pequenos detalhes como este, que possam parecer menores, têm grande importância.

de Conan:

"Lincoln é um lugar assombrado; é uma cidade morta; ainda assim, vive com uma vida que morreu cinquenta anos atrás... Eu nunca senti em nenhum lugar as sensações exatas que Lincoln despertou em mim — uma espécie de horror predominante. Se há um lugar assombrado neste hemisfério, então Lincoln é assombrado... E não é meramente o fato de saber que tantos homens morreram lá que o torna assombrado para mim... O vale em que Lincoln se deita é isolado do resto do mundo. Vastas extensões de deserto e montanhas o separam do resto da humanidade — desertos demais para sustentar a vida humana. As pessoas em Lincoln perderam contato com o mundo.

Isolados como eram, os seus próprios assuntos, suas relações uns com os outros, assumiram uma importância e um significado desproporcionais ao seu significado real. Juntos demais, demasiado ciúmes e ressentimentos inflamavam e cresciam, alimentando-se deles mesmos, até atingirem proporções monstruosas e culminar naquelas atrocidades sangrentas que assustavam até mesmo o duro Oeste daqueles dias... Em tais pontos restritos e isolados, as paixões humanas ardiam e queimam, alimentando-se dos impulsos que lhes dão nascimento, até chegarem a um ponto que dificilmente pode ser concebido pelos moradores de lugares mais afortunados... Já ouvi falar de pessoas enlouquecendo em lugares isolados; acredito que a Guerra do Condado Lincoln foi tingida com loucura.

"Pregos Vermelhos" é a contraparte de "Além do Rio Negro", na qual Howard afirmou que "Civilização é antinatural". "Pregos Vermelhos" foi a história em que ele expandiu esse tema. Em todas as histórias que escreveu sobre o assunto, a fase decadente e arruinada de suas civilizações, reinos, países ou cidades nunca foi permitida a ser realizada em sua totalidade: uma vez divididas e, portanto, enfraquecidas, as pessoas civilizadas eram sistematicamente dizimadas por hordas de bárbaros (convenientemente) aguardando nos portões. "Pregos Vermelhos" é diferente no sentido de que nenhuma tribo de bárbaros está à espreita nos portões de Xuchotl. Pela primeira vez na ficção de Howard, o processo civilizador, com suas fases decadente e arruinadas, é levado a seu inevitável fim. Xuchotl é uma cidade "antinatural" no sentido implícito em "Além do Rio Negro": ser civilizado é ser inteiramente removido da natureza e de suas forças. Esta é a razão pela qual a cidade não é apenas separada do resto do mundo hiboriano e de suas tribos bárbaras, é também, e igualmente importante, separada da própria natureza. Xuchotl é o epítome de uma civilização decadente como Howard concebeu. É o lugar onde, como ele acreditava, "o anormal se tornava normal".

Muito poderia ser dito sobre a relação entre Conan e Valéria, por exemplo, em que é bastante tentador ver um paralelo com o relacionamento entre Howard e Novalyne Price. Tascela, a vampira que se recusa a morrer, se alimentando de mulheres mais jovens, lutando pelas atenções de Conan e, portanto, com ciúmes de Valéria, poderia muito bem ser uma representação fictícia da mãe de Howard, que sempre foi hostil em relação a Novalyne Price. Olmec seria, portanto, visto como o pai de Howard, e toda a história um conto alegórico, no qual Howard e Novalyne Price pisaram no universo decadente que se tornou a casa de Howard em 1935, onde a mãe de Howard se demoraria mais um ano antes de sua morte.

"Se alguém lhe pergunta onde você consegue seus personagens... e eles com certeza farão isso... você sempre diz: 'Eles são uma combinação de muitas pessoas que eu conheço'. Dessa forma, se o seu personagem é um maldito idiota, ninguém vai querer se identificar com ele... Para dizer a verdade, eu não sei como um homem consegue um personagem para uma história, mais do que saberia como ele se apaixona. Eu não sei se seus personagens saem de sua cabeça, ou se ele vê um homem descendo a rua e o reconhece instantaneamente... Eu duvido que qualquer escritor saiba ao certo de onde seus personagens vêm.

— ***Robert E. Howard***

Capítulo Quatro
Mais vinte contos que você deve ler

1. "Nekht Semerkeht" (originalmente sem título)

Escrito: provavelmente em maio e / ou junho de 1936.
Inacabado.
Edição moderna recomendada: *The Black Stranger and Other American Tales*, Bison Books, 2005.

Sinopse: América, século XVI. Hernando de Guzman vagueia nas imensidades do deserto. Seu cavalo acabou de morrer e seu fim parece próximo. Ele é assombrado pela perspectiva de sua própria mortalidade e pondera sobre a necessidade de continuar lutando apenas para sobreviver. O profundo bater de um tambor à distância o traz de volta à realidade...

Comentário: Foi muito provavelmente seu suicídio que impediu Howard de completar o texto. Ele parece aludir a isso em uma carta escrita algumas semanas antes de sua morte. O que chegou até nós é um conto fascinante e tentador — ainda que inacabado —, meio *western*, meio "estranho", pontuado por passagens eróticas incongruentes, francamente perturbadoras, e por uma série de reflexões filosóficas sobre a futilidade da existência humana. O que teria sido, em outras circunstâncias, um conto esquisito, no máximo, assume uma ressonância estranha quando colocado no contexto do iminente suicídio de Howard.

2. *"Sharp's Gun Serenade"*

Tradução: Serenata da Arma Afiada.
Escrito: 1936
Primeira publicação: *Action Stories*, janeiro de 1937.
Edição moderna recomendada: *Crimson Shadows: The Best of Robert E. Howard Volume 1*, Del Rey Books, 2007.

Sinopse: Breckinridge Elkins encontra um Jack Sprague abatido, com a corda na mão. Pouco tempo depois, ele encontra um segundo indivíduo que pergunta se ele viu Sprague; o assunto é urgente, enquanto o recém-chegado explica que Sprague estava com tendências suicidas desde que sua noiva o abandonou em favor de outro homem...

Comentário: Este conto de Breckinridge Elkins é a reescrita de uma versão anterior da história (intitulada "*Educate or Bust*"[77]), que Howard havia escrito especificamente para o mercado britânico. Como seu tempo para escrever estava seriamente diminuindo no início de 1936, ele decidiu reciclar o quadro básico da história e vender o resultado para a *Action Stories*, a revista *pulp* na qual a série estava sendo publicada. Howard introduziu um grande número de mudanças, no entanto, mais notavelmente o personagem de Jack Sprague (e suas inclinações suicidas). No final da história, Sprague vai superar sua dor ao se apaixonar e fugir com a professora da escola da região, aquela em que Breck estava de olho. O conto tem particular ressonância quando nos lembramos de que Howard acabara de encerrar seu caso de amor com Novalyne Price, ela mesma uma professora. Difícil também não ser movido pelo seguinte parágrafo da história: "Quando um homem está nesse estado, ele não é responsável e é o dever de seus amigos cuidar dele. Ele nos agradecerá nos dias vindouros."

---

[77] *"Educar ou Fracassar"*.

3. *"Black Colossus"*

Tradução: Colosso Negro.
Escrito: por volta de setembro e outubro de 1932.
Primeira publicação: *Weird Tales*, junho de 1933.
Edição moderna recomendada: *The Coming of Conan the Cimmerian*, Del Rey Books, 2003.

Sinopse: Um vento de revolta sopra das misteriosas cidades-estados das regiões do sul do mundo hiboriano. Natohk, um misterioso feiticeiro velado, caminha para o norte e nada pode parar suas hostes. Ele quer a princesa Yasmela, que é irmã do rei de Khoraja. Nos sonhos, Natohk diz a ela que ele está vindo para torná-la sua noiva. Desesperada, ela procura conselhos dos deuses. O oráculo de Mitra diz a ela para dar o comando de seus exércitos ao primeiro homem que ela encontrar na rua. Saindo, ela se depara com Conan.

Comentário: "Colosso Negro" é o primeiro conto de Conan inclinado para uma venda fácil e visando a capa da publicação... que foi bem sucedido. Howard, que vinha escrevendo histórias sobre o cimério há muitos meses, estava percebendo, nesses tempos difíceis, que Conan poderia ser um fácil ganha-pão. Portanto, não é surpreendente ver que ele estava se distanciando um pouco do cimério, ao escrever para seu amigo, Tevis Clyde Smith: "Meus heróis se tornam mais bastardos com o passar dos anos. Uma das minhas últimas vendas foi concluída com uma relação sexual em vez do abate normal. Meu portador-da-espada agarrou a princesa — já consideravelmente despojada pelo vilão[78] [sic] — e a saboreou sobre o altar dos deuses esquecidos, enquanto a batalha e o massacre rugiam lá fora, e diante dos restos do vilão, pregado na parede pelo herói, considerando o passatempo sardonicamente. Eu não sei se os leitores vão gostar. Eu aposto que alguns deles irão. O homem comum tem um desejo secreto de ser um bêbado arrogante, lutador violento e violador." "Colosso Negro" tem sua cota de cenas não convincentes, mas também

---

[78] *No texto original, Howard usa a palavra "villing", que já estava em desuso mesmo em seu tempo, para designar "vilão".*

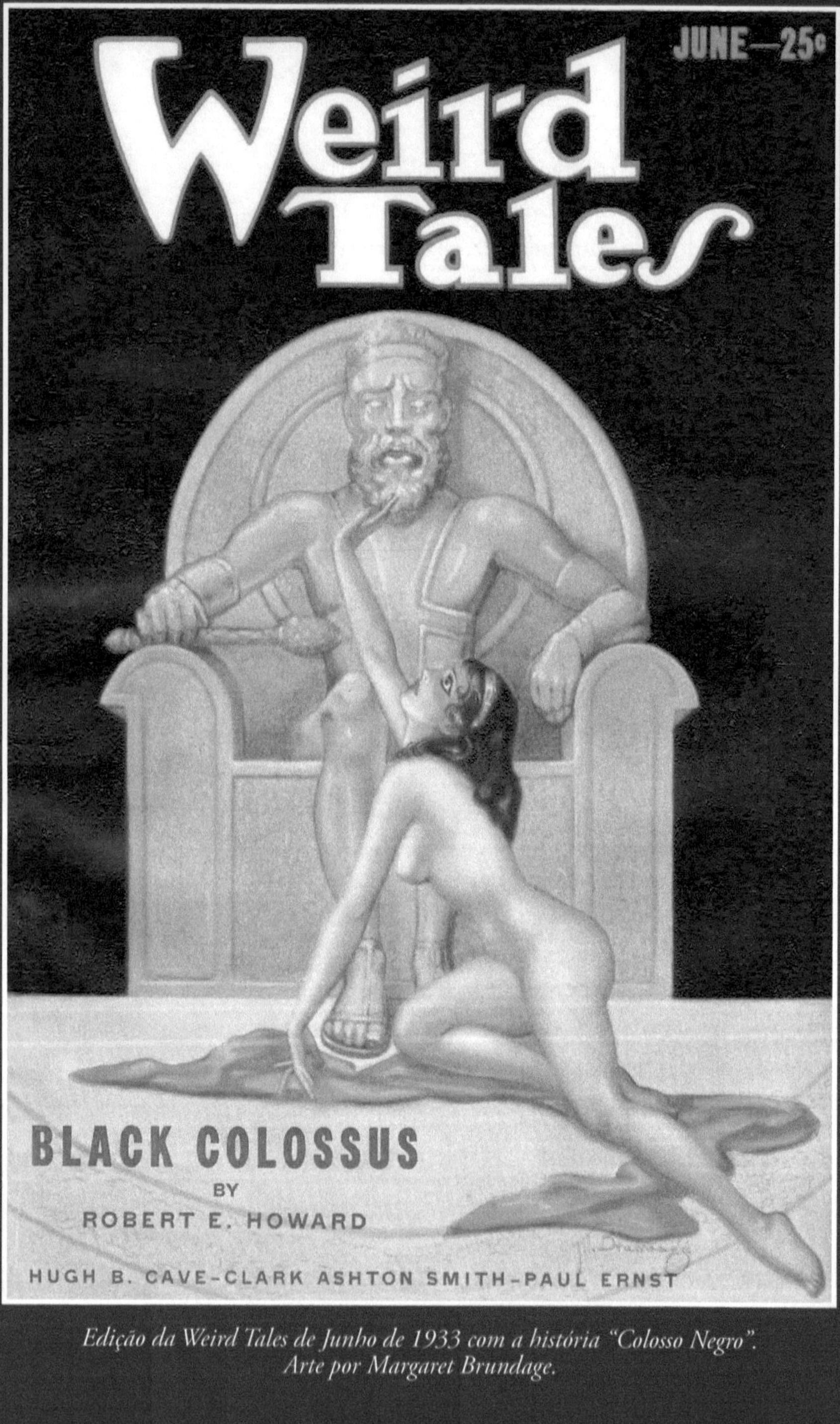

Edição da Weird Tales de Junho de 1933 com a história "Colosso Negro". Arte por Margaret Brundage.

de excelente escrita. O que se pode dizer sobre o capítulo introdutório do conto, que é nada menos que brilhante? Em poucas frases, Howard faz Shevatas ganhar vida e estabelece uma atmosfera opressiva com habilidade impressionante.

4. "People of the Black Coast"

Tradução: Povo da Costa Negra
Escrito: 1928, provavelmente no segundo trimestre.
Primeira publicação: *Spaceway Science Fiction*, setembro / outubro de 1969.
Edição moderna recomendada: *Adventures in Science-Fantasy*, REH Foundation Press, 2012.

Sinopse: O protagonista e Glória, sua companheira, encontram-se encalhados nas margens de uma ilha desconhecida, cercada por uma série de falésias basálticas que não podem ser escaladas, o que os impede de chegar ao interior.

Comentário: O mundo é dividido em duas categorias: aqueles que odeiam essa história e aqueles que a amam. O conto tem todos os sinais de um pesadelo febril e é hipnótico em sua intensidade. A cena em que o herói deixa sua companheira por um tempo antes de voltar para ela e se depara com uma visão particularmente medonha ficará com você.

5. "Spear and Fang"

Tradução: Lança e Presa
Escrito: por volta de outubro de 1924.
Primeira publicação: *Weird Tales*, julho de 1925.
Edição moderna recomendada: *Shadow Kingdoms*, Wildside Press, 2005.

Sinopse: A jovem A-aea está apaixonada por Ga-Nor, um homem de Cro-Magnon com inclinações artísticas, mas Ka-nanu tem toda a intenção de separar os jovens amantes. Um homem de Neandertal, um primitivo pertencente a essa espécie de devoradores de crianças, ou pelo menos é o que as pessoas dizem, a sequestra. Ga-Nor compreende o que aconteceu e decide resgatar a jovem.

Comentário: Esta foi a primeira venda profissional de Howard, absolutamente desprovida de qualquer elemento estranho ou fantasioso, já que claramente pertence à então próspera tradição das histórias pré-históricas. Embora não haja muito a dizer para defender as qualidades literárias dessa produção juvenil, é particularmente importante notar que Howard iniciou sua carreira em uma revista dedicada ao estranho e ao horrível, com uma história proto-histórica.

6. *"Kings of the Night"*

Tradução: Reis da Noite.[79]
Escrito: por volta de março de 1930.
Primeira publicação: *Weird Tales*, novembro de 1930.
Edição moderna recomendada: *Kull: Exile of Atlantis*, Del Rey Books, 2006.

Sinopse: Bran Mak Morn, rei da minguante nação picta, encontra-se em uma situação delicada. A aliança entre suas próprias tribos pictas, membros de vários guerreiros gaélicos e uma tropa de noruegueses está particularmente instável, e ele teme que a frágil unidade se rompa antes da batalha que os colocará contra as legiões romanas. E seus medos são justificados quando os nórdicos o informam de que não o seguirão, a menos que ele possa encontrar um rei em quem possam confiar para liderá-los na batalha, uma tarefa impossível.

Comentário: "Reis da Noite" habilitou Howard a unir Bran e Kull o Atlante, em um conto que seria seu adeus ao último personagem. Muito pode ser dito sobre a história ser uma representação simbólica de uma

---

[79] *Vide nossa edição de Reis da Noite, Red Dragon Publisher, 2019.*

transmissão: o personagem real (e primeiro) de Howard, Kull de Atlântis, tendo se tornado um governante autocrático nos últimos contos de seu próprio ciclo, é retratado aqui como um personagem despreocupado, contente apenas na loucura cega e feliz da batalha, enquanto Bran (que Howard descreveu como um chefe em contos anteriores) agora se tornou um rei, mas um rei sobre quem a coroa está pesada, sobrecarregado como está pelo destino de seu povo e a lealdade que dá sentido ao seu modo de vida, num conto em que ele não tem escolha a não ser sacrificar alguns de seus aliados para salvar sua nação.

7. Hawk of the Hills

Tradução: Falcão das Colinas.
Escrito: provavelmente no final de 1934.
Primeira publicação: *Top-Notch*, junho de 1935.
Edição moderna recomendada: *Crimson Shadows: The Best of Robert E. Howard Volume 1*, Del Rey Books, 2007.

Sinopse: Uma guerra tribal nas colinas afegãs já dura quase três anos. A Grã-Bretanha decide que é hora de agir sobre o problema e envia um dos seus melhores homens à região, Willoughby, com uma missão simples: restaurar a paz.

Comentário: De longe, a melhor história estrelada por Francis Xavier Gordon, também conhecido como "*El Borak*" (o Ligeiro). O personagem era definitivamente uma criação para os *pulps*, devendo alguma coisa para o *King Athelstan* de Talbot Mundy. A maior parte dos contos de *El Borak* é uma leitura agradável, mas esta está muito acima das outras, proporcionando a Howard o local perfeito para refletir com uma lucidez impressionante sobre a questão do colonialismo e do imperialismo (o britânico, neste caso), a hipocrisia que necessariamente o acompanha, a cegueira dessas mesmas potências ocidentais às consequências inevitáveis que suas ações errôneas têm sobre as populações indígenas e suas repercussões nacionais e internacionais.

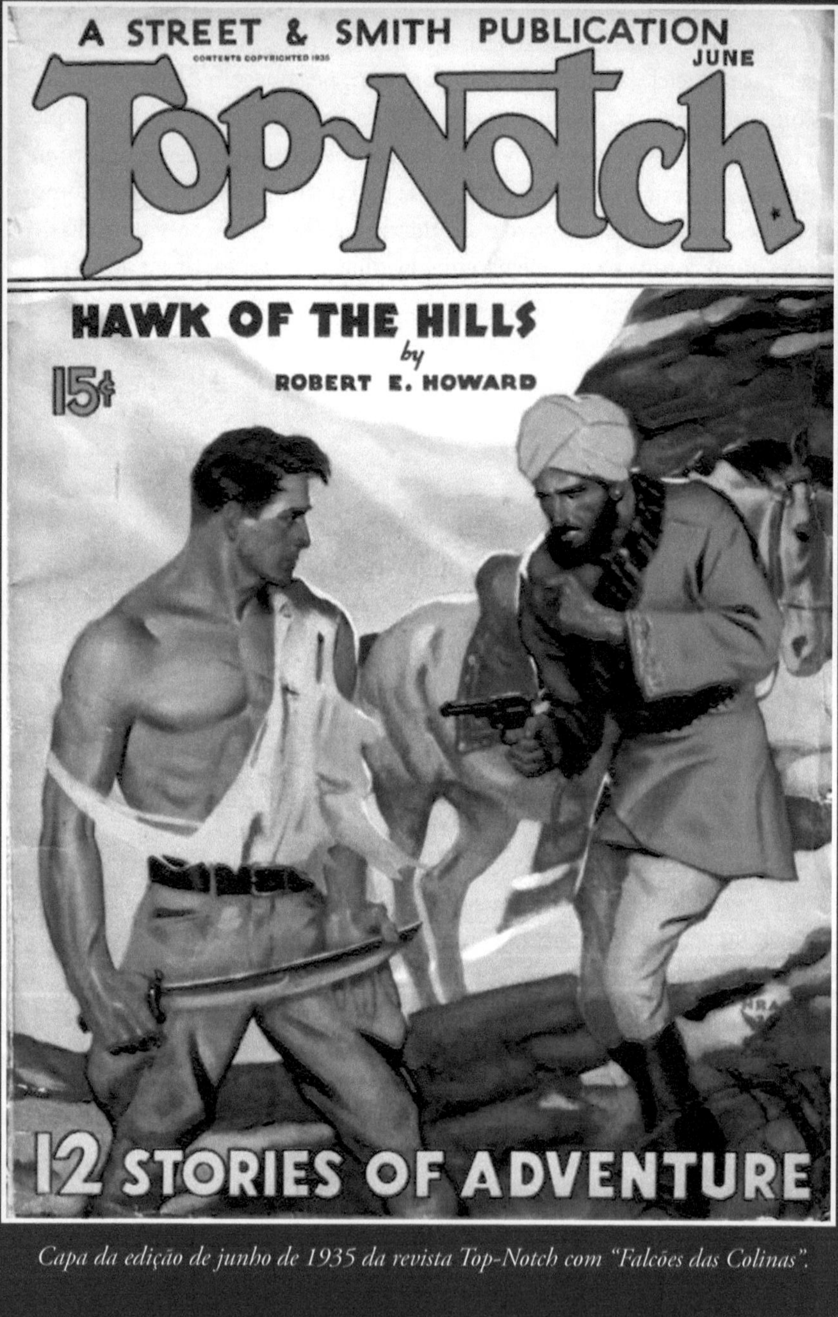

Capa da edição de junho de 1935 da revista Top-Notch com "Falcões das Colinas".

8. "The Grey God Passes"

Tradução: A Morte do Deus Cinzento.
Escrito: dezembro de 1931.
Primeira publicação: *Dark Mind, Dark Heart*, editado por August Derleth, Arkham House, 1962.
Edição moderna recomendada: *Crimson Shadows: The Best of Robert E. Howard Volume 1*, Del Rey Books, 2007.

Sinopse: A batalha de Clontarf, opôs as forças celtas do rei Brian Boru aos invasores nórdicos nas planícies perto de Dublin em 1014, tendo Odin, o próprio deus cinzento, como um convidado.

Comentário: Aqui está um conto que nunca chegará à lista dos "melhores" por causa do grande número de personagens que Howard usa, o que torna a leitura às vezes muito difícil, a menos que se esteja extremamente familiarizado com os eventos descritos. Dito isto, o primeiro capítulo do conto, seu suntuoso *finale* e a ideia de fazer dessa batalha o literal Ragnarok dos nórdicos na Irlanda... são simplesmente grandes demais para não mencionar. Misturar em tal grau o épico e o histórico num estilo particularmente inspirado e poético é uma façanha, mesmo que imperfeita.

9. "Rogues in the House"

Tradução: Patifes em Casa.[80]
Escrito: dezembro de 1932 ou janeiro de 1933.
Primeira publicação: *Weird Tales*, janeiro de 1934.
Edição moderna recomendada: *The Coming of Conan the Cimmerian*, Del Rey Books, 2003.

---

[809] "Rogues" como está no título original refere-se às características (e não condições) que os três personagens (Nabonidus, Murilo e Conan) compartilham neste conto, ou seja, são verdadeiros "patifes", mentirosos, enganadores, trapaceiros que são obrigados a se aliarem momentaneamente por um objetivo em comum. Leia novamente o conto e notará que a história trata mais sobre "patifes" que sobre "inimigos" em casa.

Sinopse: Murilo, um jovem aristocrata, é um adversário de Nabonidus, também conhecido como o Sacerdote Vermelho, que muitos pensam ser o verdadeiro governante da cidade. Quando o sacerdote deixa claro para Murilo que ele é seu próximo alvo, o nobre vai à prisão da cidade para encontrar alguém que possa ajudá-lo a derrotar seu adversário. Ele se depara com um cimério, preso após ter sido traído por sua companheira, uma mulher de má reputação. Murilo oferece a ele sua liberdade em troca da eliminação do sacerdote. O cimério concorda prontamente.

Comentário: Damon Knight ficou particularmente impressionado com a cena de Conan despejando a mulher que o traíra em uma fossa. Concedido. Mas o conto é, antes de mais nada, uma fascinante exploração da questão da evolução, então uma questão abrasadora. Thak é um símio-homem ou um homem-símio? Seria ele o reflexo que não queremos encarar? Nosso passado ou nosso futuro? Howard coloca o leitor cara a cara com seus próprios medos: Darwin havia desferido um golpe terrível na concepção religiosa das origens da humanidade. O julgamento do macaco *Scopes* de 1925 foi um lembrete recente e doloroso da questão, assim como, em muitos aspectos, a porcentagem desproporcional de macacos e gorilas gigantes nas artes populares da primeira metade do século XX na América. À "ansiedade antropológica" (que é com o que a narrativa de Howard lida principalmente) estava associada uma ansiedade sexual mais difusa, por causa do vínculo mais ou menos inconsciente violentamente racista estabelecido entre os afro-americanos e os grandes primatas. Basta reler "*Arthur Jermyn*" de Lovecraft, "*Williamson*" de Henry S. Whitehead, ou assistir novamente *King Kong* (1933) para perceber o potente tema sexual que impulsiona esses contos. O conto de Howard é muito mais cordial a esse respeito e lida principalmente com os aspectos antropológicos da questão. "Patifes em Casa" é uma sala trancada cheia de mistérios, em que cada parede é um espelho, forçando o leitor a confrontar sua própria verdade.

10. "Wings in the Night"

Tradução: Asas na Noite.
Escrito: primavera de 1930.
Primeira publicação: *Weird Tales*, julho de 1932.
Edição moderna recomendada: *The Savage Tales of Solomon Kane*, Del Rey Books, 2004.

Sinopse: Solomon Kane tropeça em uma cena horrível: uma vila africana inteira reduzida a ruínas, todos os seus habitantes massacrados. Em meio a todo esse horror, um detalhe peculiar chama a atenção do puritano: há corpos nas árvores. Ele encontra um sobrevivente solitário, delirante e quase morto. O homem tem apenas o tempo de murmurar algo sobre asas antes de morrer. Kane segue seu caminho para uma segunda aldeia, onde a tribo o recebe como amigo. É lá que ele vai descobrir o que aconteceu na primeira aldeia.

Comentário: Embora Howard nunca tenha conseguido acompanhar a intensidade da primeira história de Solomon Kane, ele produziu algumas histórias memoráveis sobre o puritano. "Asas na Noite" é provavelmente a melhor delas, abordando, como sempre, a loucura de Kane. Impossível não pensar em Hamlet quando Kane tem seu solilóquio com a cabeça decepada que se tornou sua companheira privilegiada o tempo todo, enquanto ele pacientemente elabora sua vingança: "Kane labutava de dia e de noite e, entre suas tarefas, falava com a cabeça enrugada e mumificada de Goru, cujos olhos, por mais estranho que pareça, não mudavam no brilho do sol ou no assombrar da lua, mantendo sua expressão semelhante à vida. Quando a lembrança daqueles dias assombrados pela loucura se tornariam apenas um vago pesadelo, Kane se perguntava, como lhe parecia, os lábios secos de Goru se moveram em resposta, falando coisas estranhas e misteriosas. O conto tem algumas deficiências, mas seus principais interesses residem em suas ideias (o fundo mitológico) e cenas memoráveis (Kane beirando a loucura).

11. "The Hour of the Dragon"

Tradução: A Hora do Dragão
Escrito: de meados de março de 1934 a meados de maio de 1934.
Primeira publicação: *Weird Tales*, dezembro de 1935, janeiro, fevereiro, março e abril de 1936 (em série).
Edição moderna recomendada: *The Conquering Sword of Conan*, Del Rey Books, 2005.

Sinopse: Quatro conspiradores ressuscitam a múmia de Xaltotun, um feiticeiro que viveu três mil anos antes. Seu objetivo é simples: usar o conhecimento esotérico do feiticeiro morto para vencer a guerra que os colocará contra Conan, rei da Aquilônia, um país que eles desejavam anexar ao seu império. No entanto, os conspiradores negligenciaram levar em consideração as próprias aspirações e o poder de Xaltotun, bem como o do Coração de Ahriman, a joia mística que eles usaram para ressuscitá-lo.

Comentário: O único romance estrelado por Conan. O livro com o qual Howard decidira entrar no mercado britânico, mesmo que terminasse por não ocorrer. Um livro que, se tivesse sido publicado, teria mudado a história da fantasia como a conhecemos. Os fatos são conhecidos: em 1933, Howard apresentou uma coleção de seus melhores contos a um editor britânico que demonstrara interesse definido por seu trabalho. Depois de muitas semanas, a coleção foi recusada, alegando que havia um preconceito na Inglaterra contra contos e encorajando Howard a enviar um romance de longa duração "no mesmo estilo". Destemido, Howard atendeu ao pedido, mesmo que ele não tivesse garantia real de que venderia. Infelizmente, o editor britânico enfrentou dificuldades financeiras algumas semanas depois e o romance foi devolvido.

A Hora do Dragão é um exemplo perfeito do que Raymond Chandler chamou de "canibalização", um romance que recicla vários elementos de contos anteriores. Os leitores britânicos não estavam familiarizados com os contos publicados em uma revista americana. Pela primeira e última vez em sua carreira, Howard usou o tema da busca como a espinha dorsal de sua história, visivelmente padronizada segunda a lenda arturiana (o

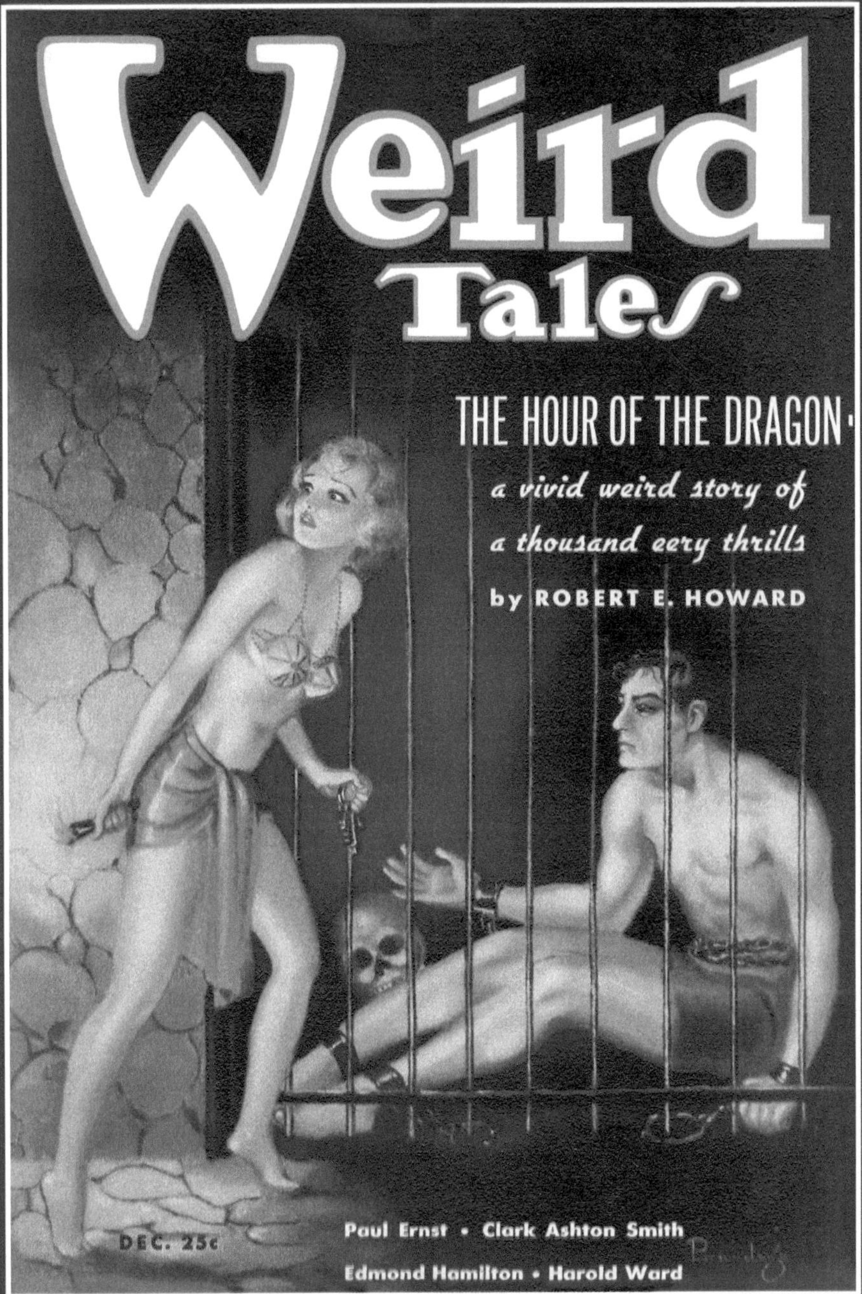

Capa da edição da Weird Tales de dezembro de 1935 com a primeira parte da história "A Hora do Dragão". Arte por Margaret Brundage.

que era lógico, considerando-se o público pretendido).

A Hora do Dragão tem momentos de verdadeira excelência, mais notavelmente em sua primeira e última parte. Alguns capítulos são empolgantes, sendo os principais exemplos a passagem em que Conan assume o controle do navio pirata, excepcionalmente bem escrito, e o retorno triunfante de Conan à Aquilônia. As considerações do cimério sobre a função real e suas implicações são impressionantes. Howard descreve com mestria cenas de guerra em escala épica, mas dedica igual atenção às consequências da guerra e da ocupação sobre as pessoas comuns. Dito isto, o romance não está isento de dificuldades estruturais, pois Howard não dominou totalmente a arte de escrever obras tão longas, e algumas partes da seção intermediária não são particularmente úteis. Embora parcialmente bem sucedida em alguns aspectos, a importância histórica de A Hora do Dragão não deve ser negada.

12. "The Mirrors of Tuzun Thune"

Tradução: Os Espelhos de Tuzun Thune.[81]
Escrito: setembro ou outubro de 1927.
Primeira publicação: *Weird Tales*, setembro de 1929.
Edição moderna recomendada: *Kull: Exile of Atlantis*, Del Rey Books, 2006.

Sinopse: Kull tem negligenciado seus deveres reais desde que conheceu o misterioso Tuzun Thune, que o convidou para ir a seu lar e contemplar seus vários e intrigantes espelhos.

Comentário: "Os Espelhos de Tuzun Thune" é um dos textos mais poéticos de Howard, menos uma história do que uma série de reflexões filosóficas sobre poder, realidade e ilusão. Um daqueles textos que merecem ser lidos e não analisados…

---

[81] *Vide nossa edição de O Reino das Sombras, Red Dragon Publisher, 2017.*

12. "The Moon of Skulls"

Tradução: A Lua de Caveiras
Escrito: por volta de março de 1929.
Primeira publicação: *Weird Tales*, junho e julho de 1930 (em série).
Edição moderna recomendada: *The Savage Tales of Solomon Kane*, Del Rey Books, 2004.

Sinopse: "A Lua de Caveiras" conta a história de um homem, Solomon Kane, que viajou milhares de quilômetros, da Europa à África, em uma missão que durou anos, para salvar uma jovem.

Comentário: Basta apenas substituir "salvar" por "vingar" para ver que "A Lua de Caveiras" é essencialmente uma outra abordagem básica de "Sombras Vermelhas", a primeira história de Solomon Kane, expandida e atualizada. Uma das características mais interessantes desta nova versão é a substituição de "*Le Loup*" pela rainha de Negari, dois personagens de má reputação que têm grande prazer em infligir dor a mulheres jovens e estuprá-las. O lesbianismo da rainha-vampira nunca é declarado abertamente no decorrer do conto, mas ninguém é cego para não ver o que realmente está acontecendo nas cenas entre ela e a jovem Marylin. Nakari de Negari é o oposto de Kane: onde ela é negra de pele (seu nome e país são transparentes o suficiente), a palidez dele é cadavérica, e as primeiras letras do nome dela são as do nome do puritano, apenas invertidas. Pode-se facilmente compreender o estranho fascínio ao qual ambos os personagens sucumbem tão logo estejam na presença do outro, atraídos / repelidos por seu "*sósia*", lutando para proteger / difamar a inocência (encarnada aqui em Marylin). *Lilith*, como Kane chama Nakari, é um equivalente apto, já que ela é a mulher da noite, símbolo da sexualidade e também da infertilidade. Ela é a mulher que atrai os homens para o seu fim. Dado o que escrevemos antes quanto aos apetites carnais de Howard, dificilmente o texano teria manifestado a mesma determinação de aço que seu puritano, retificador de erros...

Cada da Weird Tales de Junho de 1930 com "A Lua de Caveiras".
Arte por Hugh Rankin.

13. "Mountain Man"

Tradução: Homem da Montanha.
Escrito: entre 16 e 30 de junho de 1933.
Primeira publicação: *Action Stories*, março / abril de 1934.
Edição moderna recomendada: *The Adventures of Breckinridge Elkins, volume 1*, REH Foundation Press, 2016.

Sinopse: O primeiro conto de Breckinridge Elkins de Bear Creek, estrelado pelo herói mais improvável, como um narrador tão inconstante quanto Steve Costigan, o marinheiro e boxeador de Howard. Quando a história começa, o pai de Breck pede que ele vá à aldeia de Tomahawk para buscar uma carta. Breck se prepara para deixar o ninho da família pela primeira vez e descobrir a "civilização" no processo.

Comentário: A série Breckinridge Elkins foi um dos sucessos comerciais mais importantes de Howard. Todos os contos da série são repletos de passagens hilárias, mostrando o talento e o ouvido de Howard para "dialetos falados"[82] do idioma. Se os parágrafos de abertura deste conto não o convencerem, você não precisa ler nenhum dos outros contos.

> "Eu tava surrupiano uma colmeia do ôco dua árv're, quando ouvi o meu véio chamano: "Breckinridge! Ô, Breckinridge! Onde ocê tá? Ah, agora tô te veno. Ocê num pricisa subir na árv're. Eu num vô te çoitar."
>
> "Ele chegô e disse: "Breckinridge, num é que uma abeia tá posada na tua oreia?"
>
> "Eu estendi a mão e, sim, ela tava lá. Parei pra pensar n'aquilo, eu

---

[82] *"Langwidge" no texto original em inglês. Significa variação da língua falada com características regionais, algo próximo de dialeto, mas não exatamente, também não é mero sotaque. Por exemplo: no texto original, Howard usa a palavra "yore" em vez de "your" para "seu / sua"; "air" em vez de "are" para "ser / estar"; "yuh" em vez de "you" para "você"; "pap" em vez de "dad" para "pai"; "maw" em vez de "mom" para "mãe", dentre outros.*

> senti como se alguma coisa tivesse me picano em alguma parte."
> "Eu vi, Breckinridge", papa disse, "eu nunca vi uns côro como o teu. Oça aqui: o véio Buffalo Rogers tá de vorta de Tomahawk, e o chefe dos correi disse que tinha uma carta para mim, do Mississippi. Ele num vai integrá pra ninguém além de mim ô algum parente. Num sei quem pode tá escreveno pra mim do Mississippi; última vez que tive lá, foi quando eu tava lutano contra os *Yankees*. Ma de quarquer manera, essa carta pricisa ser buscada. Eu e tua mãe dicidimo que ocê vai fazer isso. Ocê me ouviu, Breckinridge?"
>
> "Sim, pra Tomahawk?" Eu disse. "Ji-zuis, pá!"

Os contos do marinheiro Steve Costigan estavam na mesma linha, mas muitos sofreram com as restrições impostas pela necessidade de ter uma luta de boxe em cada história. Livre de tal fardo, Howard poderia deixar sua imaginação correr solta nos contos de Breckinridge Elkins, e ela correu selvagem! Dado seu estilo e humor peculiar, estes "curtos e longos contos" merecem uma edição em áudio!

14. "A Witch Shall Be Born"

Tradução: Uma Bruxa Nascerá.[83]
Escrito: junho de 1934.
Primeira publicação: *Weird Tales*, dezembro de 1934.
Edição moderna recomendada: *The Bloody Crown of Conan*, Del Rey

---

[83] *Outro exemplo da abordagem de alguns editores brasileiros: a versão em quadrinhos de Uma Bruxa Nascerá (A Espada Selvagem de Conan nº5, editora Abril, março de 1985) recebeu o título "A Maldição da Lua Crescente". O mesmo ocorreu com "Povo do Círculo Negro" (A Espada Selvagem de Conan nº13, editora Abril, novembro de 1985), renomeada para "Os Profetas do Círculo Negro". Neste caso, o problema é que, no texto original, Howard sempre usa a palavra "seer", ou seja, "vidente", quando faz referência aos magos que atormentam a davi Yasmina de Vendhya. Para Howard, "Seer / Vidente" e "Prophet / Profeta" têm significados bastantes distintos e definidos. Sugerimos reler uma tradução fiel de "Povo do Círculo Negro" com a devida atenção para notar porque os magos de Yimsha devem ser chamados "videntes" e não "profetas". Enquanto a tradução da Red Dragon não chega, sugerimos a coletânea Magnos: Os Mundos Mágicos da Fantasia (Isaac Asimov, Melhoramentos, 1990) contendo a tradução "O Povo do Círculo Negro".*

Cada da Weird Tales de dezembro de 1934 com "Uma Bruxa Nascerá".
Arte por Margaret Brundage.

Ilustração original "Uma Bruxa Nascerá" de Hugh Rankin para a Weird Tales.

Books, 2004.

Sinopse: A Rainha Taramis de Khauran é despertada por uma aparição. Logo, ela descobre que o intruso espectral é uma mulher, que se revela como sua irmã gêmea, Salomé, apelidada de bruxa, que deveria ter sido morta logo após seu nascimento. Salomé então prossegue para explicar a sua irmã que ela usurpará sua identidade e reinará em seu nome, com seu aliado e general, o depravado Constantinus.

Comentário: é difícil saber por onde começar com esta história. É um dos contos mais famosos de Conan por causa da cena da crucificação: Conan, crucificado, deixado para morrer no deserto, agarrando com os dentes o abutre que o atacava, quebrando o pescoço do animal e saciando sua sede com seu sangue. Conan pregado em uma cruz gerou (e ainda gera) uma imagem poderosa, especialmente em um país cristão. O conto termina com uma homenagem a Lovecraft com o monstro do capítulo final, a menos que fosse um expediente barato concluí-lo de uma maneira desconexa, uma vez que Howard contara a história que queria contar. A história é mais uma ilustração da obsessão de Howard com o tema do irmão ou irmã perdida (como em "Povo do Círculo Negro", por exemplo). Foi também a ocasião para Margaret Brundage fazer uma excelente ilustração de capa (na qual o cimério está notavelmente ausente, como quase sempre era a regra). Mas quando tudo está dito e feito, o que se deve lembrar deste texto é a incrível modernidade de sua construção. Vários pontos de vista, narração caleidoscópica, por trás da ação da cena. Howard deixa o leitor preencher muitos dos pontos mais importantes da história. Qualquer escritor de segunda categoria teria escrito um longa-metragem sobre a lentidão da ascensão de Conan ao poder entre os guerreiros nômades. Howard nos poupa de todas essas páginas, que já antecipamos e visualizamos em nossa mente. Foi particularmente audacioso em 1934. E ainda é.

15. "The Dark Man"

Tradução: O Homem Negro.
Escrito: início de fevereiro de 1930.
Primeira publicação: *Weird Tales*, dezembro de 1931.
Edição moderna recomendada: *Crimson Shadows: The Best of Robert E. Howard Volume 1*, Del Rey Books, 2007.

Sinopse: Irlanda, logo após a batalha de Clontarf (1014). Moira foi sequestrada por um pirata nórdico. Turlogh O'Brien, o exilado gaélico, vai atrás dele em uma tentativa desesperada de salvar a jovem. No caminho, ele encontra uma estátua intrigante, não tendo a menor ideia de que é uma representação do último rei da nação dos pictos, Bran Mak Morn.

Comentário: O primeiro conto de Turlogh O'Brien, um dos personagens mais fascinantes de Howard, um "proscrito irlandês cujas aventuras são lançadas no meio século que precede a batalha de Hastings." Um dos primeiros sucessos do texano em combinar em uma única história todos os temas com os quais ele era obcecado: o pária, a mulher que tem que sofrer por causa dos desejos e brutalidade dos homens, e cuja única maneira de escapar é o suicídio ou a submissão. A civilização gaélica, os pictos, a futilidade dos empreendimentos humanos... tudo isso é representado em uma prosa maravilhosamente poética.

Ilustração original "Os Deuses de Bal-Sagoth" para a Weird Tales.

16. "The Gods of Bal-Sagoth"

Tradução: Os Deuses de Bal-Sagoth.
Escrito: por volta de abril de 1930.
Primeira publicação: *Weird Tales*, outubro de 1931.
Edição moderna recomendada: *Swords of the North*, REH Foundation Press, 2014.

Sinopse: A continuação de "O Homem Negro" (embora publicada anteriormente nas páginas de *Weird Tales*). Turlogh e Athelstane, o saxão, encontram-se encalhados nas costas de uma ilha misteriosa e atacados por uma fera pré-histórica. Logo depois, eles são apanhados nos jogos de poder de Brunilda, ex-impiedosa governante da estranha cidade que ela chama de Bal-Sagoth. Com uma antiga profecia mencionando dois homens de aço vindos do mar, ela decide usar esses homens para tomar o controle de Bal-Sagoth novamente.

Comentário: "Bal-Sagoth" anuncia claramente a futura obra-prima "Pregos Vermelhos", com seus dois protagonistas um pouco em conflito, tropeçando em uma cidade isolada onde os habitantes estão em guerra uns contra os outros. O primeiro capítulo, como frequentemente aconte-

Ilustração original "Os Deuses de Bal-Sagoth" para a Weird Tales.

ce com Howard, é brilhante, e o conto se move a uma velocidade vertiginosa, demonstrando, mais uma vez, o domínio de Howard na narrativa: é somente após a conclusão que percebemos que as vinte e poucas páginas contém um naufrágio, uma besta pré-histórica supostamente extinta, um golpe de Estado, uma invasão de hordas de selvagens e um terremoto, deixando Jack Bauer para trás alguns segundos no esforço para tentar alcançar o protagonista de Howard!

18. "Wild Water"

Tradução: Água Selvagem.
Escrito: maio ou junho de 1933.
Primeira publicação: *Cross Plains # 7*, George Hamilton, 1975.
Edição moderna recomendada: *Grim Lands: The Best of Robert E. Howard Volume 2*, Del Rey Books, 2007.

Sinopse: Saul Hopkins é o rei capitalista da cidade de Bisley e seus arredores, dominando a todos e impondo condições severas aos agricultores empobrecidos, cujas vidas são apenas uma série infindável de sofrimentos. Um homem que já tinha aguentado o suficiente decide que é hora de derrubar Hopkins ao estilo antigo: com uma bala no coração.

Comentário: "Água Selvagem" é um dos primeiros *westerns* escritos por Howard. Ele a enviou a seu agente, que imediatamente o avisou que, embora gostasse da história, teria dificuldade em vendê-la, o que acabou sendo profético. Este *western* ocorre, não no século XIX, mas nos tempos contemporâneos. Não há vaqueiros e índios, mas sim agricultores pobres. Reynolds, o pistoleiro, é um anacronismo neste mundo moderno, onde Hopkins reina incontestado, incapaz de imaginar que pudesse ser fisicamente ameaçado, muito menos morto com uma arma. O aspecto mais inacreditável do conto — o enchimento do lago em questão de horas em vez de anos — é, na verdade, o mais próximo da realidade: os cientistas previram que levaria dois anos para preencher o lago Brownwood, perto de onde Howard morava. Demorou apenas uma tempestade particularmente violenta e seis horas, em 1932, e foi evidentemente este evento que forneceu o cenário para "Água Selvagem".

A história é densa, dura, muito mais moralmente complexa do que a sinopse deixaria alguém acreditar, e particularmente bem trabalhada. Howard leva o leitor para onde ele quer que ele vá, e demora um pouco até percebermos que devemos questionar nossas reações iniciais, graças a uma excelente construção. Tão original, na verdade, que não havia como a história ter sido vendida nos anos trinta.

19. "The Valley of the Worm"

Tradução: O Vale do Verme.
Escrito: por volta de junho de 1932.
Primeira publicação: *Weird Tales*, fevereiro de 1934.
Edição moderna recomendada: *Crimson Shadows: The Best of Robert E. Howard Volume 1*, Del Rey Books, 2007.

Sinopse: O texano James Allison é um aleijado, aguardando a morte, "que se arrasta lentamente sobre ele como uma lesma cega". O que lhe deixa mais amargo não é tanto seu destino quanto a monotonia de sua existência, tão diferente de seus antepassados que tiveram vidas cheias e coloridas. Sua única compensação, uma capacidade recentemente adquirida, é sua habilidade de recordar suas vidas passadas, especialmente aquelas de tempos tão distantes quanto heroicos.

Comentário: O mais famoso dos contos estrelados por James Allison. A série encontrou suas origens no fascínio que Howard tinha pela reencarnação, e sua forma em seu amor por *The Star Rover*[84] de Jack London, no qual o único consolo de Darrell Standing, que vive em uma cela, é sua capacidade de lembrar suas vidas passadas. As três histórias estreladas por Allison, ou, para ser mais preciso, três de suas encarnações passadas, são as únicas na carreira de Howard em que o personagem principal é um bár-

---

[84] *The Star Rover é um romance do escritor americano Jack London publicado em 1915 (publicado no Reino Unido como The Jacket). Ficção científica e envolve tanto misticismo quanto reencarnação (este último é um assunto de interesse de Howard e abordado em vários de seus contos).*

baro nórdico (claramente derivado do Ragnar Lodbrog de London). Os bárbaros escolhidos por Howard eram quase sempre gaélicos (ou pseudo-gaélicos) ou pictos, mas nunca nórdicos. Niord, a potência ariana de cabelos loiros (ou seja, indo-europeia), é tudo menos um típico herói de Howard. Em alguns contos em que Howard retrata guerreiros aparentemente invencíveis, ele sempre - inconscientemente - cria um personagem mais fraco, atrás do qual é fácil reconhecer o próprio Howard. O exemplo mais famoso desse processo é o jovem colono Balthus em "Além do Rio Negro", no qual Conan é retratado como uma verdadeira máquina de

Ilustração original "O Vale do Verme" de Hugh Rankin para a Weird Tales.

The Valley of the Worm

By ROBERT E. HOWARD

"He fell through the air full upon the monster's back."

matar. É difícil não ver no miserável James Allison, acorrentado à sua casa no Estado pós-carvalho do Texas central, um reflexo do próprio Howard, e o mesmo vale para Grom, um típico picto de Howard.

20. "The Night of the Wolf"

Tradução: A Noite do Lobo.
Escrito: maio de 1930.
Primeira publicação: *Bran Mak Morn*, Dell Books, 1969.
Edição moderna recomendada: *Swords of the North*, REH Foundation Press, 2014.

Sinopse: Um misterioso indivíduo chamado Partha McOthna aparece no *skalli*[85] dos guerreiros vikings. Ninguém parece tê-lo reconhecido por quem ele realmente é: Cormac Mac Art, o salteador, exceto um jovem guerreiro chamado Hakon. Além de McOthna / Mac Art, apenas um personagem não é um nórdico nesta congregação de lobos-do-mar: Brulla, um chefe dos pictos. Ódio e ressentimento estão queimando, e a chegada de Cormac é a faísca que acende o barril de pólvora.

Comentário: Robert E. Howard para Tevis Clyde Smith, por volta de maio de 1930:

> "Sou confrontado com o enigma dos editores. Eles dizem que querem coisas de ação. Bem, eu tenho uma história com a *Argosy* que eu tenho certeza de que eles vão rejeitar tanto quanto estou sentado aqui. E ela está cheia de ação rápida e bem escrita. Há um vislumbre perfeito de espadas da cena de abertura onde Thorwald, o Talhador-do-Escudo joga um chifre de cerveja no rosto do chefe Brulla de *Hjaltlands*. Já na cena no navio-dragão *Skel* de Hakon onde Cormac Mac Art desmascara o Estranho Misterioso e Wulfhere Hausakliufr ruge: "Aponte sua proa para o leste, Carles,

[85] *Do velho nórdico skalli ("escalpo" no sentido de cabeça raspada ou careca), usado para designar as assembléias vikings em volta de fogueiras.*

vamos colocar um novo rei no trono da Dinamarca!" Por Deus, o que mais eles podem dizer sobre essa história, eles não podem chutar sobre a ação. Considero essa a minha melhor tentativa no gênero, até hoje. Mas vou vendê-la? Pode apostar que vou!"

A revista *Argosy* para Howard, 3 de junho de 1930:
"Caro Sr. Howard: Receio que 'A Noite do Lobo' seja muito vaga e lenta para a Argosy."

"A Noite do Lobo" é sem dúvida um dos contos de ação mais rápidos de Howard, um fascinante vira-páginas do começo ao fim.

Capítulo Cinco
Algumas palavras lacônicas sobre dez outros contos

"The Curse of Greed" - (A Maldição da Ganância)

Porque é preciso ler pelo menos uma das "histórias de confissão" de Howard. Esta é sobre um contrabandista cujo uísque ruim fez sua filha ficar cega, o que por sua vez levou sua esposa a cometer suicídio, sem mencionar seu filho morrendo enquanto ele estava trabalhando para o contrabandista concorrente. Tudo isso, e arrependimento, em nove páginas.

"Daughters of Feud" - (Filhas da Rixa)

Porque é preciso ler pelo menos um dos contos "picantes" de Howard, caça-níqueis escritos nos últimos meses de sua vida para ganhar dinheiro rápido e fácil. Este é, e de longe, o mais louco deles.

"A Matter of Age" - (Uma Questão de Idade)

Porque, após a reflexão, é preciso ler não um, mas dois dos contos de confissão de Howard, incluindo este, escrito na primeira pessoa, supostamente por uma garota de quinze anos "bem encorpada", parecendo muito mais velha do que sua idade... Altamente agradável se for lido como foi escrito: com um aceno de cabeça e uma piscadela.

"The House" - (A Casa)

Porque, quando Howard escreve sobre a vida do poeta Justin Geofrey, cercado por pessoas assustadoramente prosaicas, ele está escrevendo sobre si mesmo.

"Wolfshead" - (Cabeça de Lobo)

Porque misturar tantos personagens com um enredo que estica demasiadamente os limites da verossimilhança, em um cenário que é absolutamente inacreditável mesmo por um único instante, e conseguindo isso mesmo assim, é um verdadeiro testemunho para o gênio em ascensão que era Howard em 1925.

"The Black Moon" - (A Lua Negra)

Porque o detetive Steve Harrison consegue prender o suspeito, tendo notado que o buda era o verde, não o azul (ou talvez o contrário), apesar de que esse detalhe todo crucial não tem a menor importância afinal, uma vez que o assassino era daltônico. Uma ilustração perfeita das dificuldades de Howard com histórias clássicas de detetive: "Eu definitivamente abandonei o campo de detetives, onde eu nunca tive qualquer sucesso, e que representa um tipo de história que detesto ativamente. Eu mal posso suportar ler uma, muito menos escrever uma."

"The Pool of the Black One" - (O Poço do Negro)

Porque, o que quer que se pense dessa história de Conan, é absolutamente impossível justificar a nudez de Sancha no primeiro capítulo.

"Bran Mak Morn: a Play" - (Bran Mak Morn: uma Peça)

Porque mesmo que seja um esforço juvenil, escrever uma peça de teatro estrelada por Bran Mak Morn exigiu bastante coragem.

"The Cat and the Skull" - (O Gato e a Caveira)

Porque mudar a mentalidade quanto à identidade do inimigo no meio da história e continuar escrevendo o conto sem gastar tempo para reescrever algumas páginas ou mesmo parágrafos, exigia ainda mais coragem.

"The God in the Bowl" - (O Deus na Urna)[86]

Porque mesmo que a terceira história de Conan não seja uma das melhores de Howard, o modo como Howard retrata as jogadas de poder entre as pessoas civilizadas e a diferença de tratamento entre os providos e os desprovidos pelas "autoridades" não envelheceu um dia. Nem sequer um segundo.

A propósito, você notou que um vagabundo derrubou três policiais em Nova Orleans? Tudo o que eles estavam fazendo, de acordo com os jornais, era checando-o com uma mangueira de borracha em sua cela, quando o ingrato agarrou uma de suas pistolas e derrubou os três. Então ele lutou contra vários outros por horas, até que finalmente o pegaram. Thk, thk, thk. Para onde o país está indo, quando os policiais não podem bater em um vagabundo ingrato sem arriscar suas vidas? Tal duplicidade é detestável de se ver. Não há dúvida de que algum outro vagabundo vai tentar isso — e talvez desta vez, eles se lembrem de algemá-lo antes. Até mesmo um cachorro é capaz de mordê-lo se você o chutar com frequência."

- ***Robert E. Howard*** *para* ***Tevis Clyde Smith****, reagindo a eventos ocorridos em 10 de março de 1932. A carta foi enviada pouco antes de Howard escrever "O Deus na Urna".*

[86] *Vide nossa publicação A Torre do Elefante, Red Dragon Publisher, 2019.*

"Um grande poeta é maior que qualquer rei."
— ***Conan***

Capítulo Seis
O Verdadeiro Conan...
e as imitações

A observação é simples: mais pessoas chegam a Howard via Conan do que o contrário. E mais do que isso: mais pessoas chegam a Howard por meio de um Conan que não é o Conan de Howard, mas o dos filmes, dos quadrinhos, dos jogos ou dos *pastiches*; e muitos deles — até muito recentemente — compartilhavam muito poucos traços comuns com a criação original. A notoriedade de Conan ajudou a vender livros e foi um fator definitivo na popularidade de Howard, mas a que preço? Quem disse que qualquer publicidade é boa talvez devesse estudar o que aconteceu com Howard.

1. É obrigatório ouvir as lamentações de suas mulheres, tarde da noite, na vastidão das estepes?

Chefe: Nós vencemos novamente! Isso é bom, mas o que é melhor na vida?
Guerreiro: A estepe aberta, um cavalo veloz, falcões em seu pulso e o vento em seus cabelos.
Chefe: Errado! Conan! O que é melhor na vida?
Conan: Esmagar seus inimigos. Vê-los arrastados diante de você. Ouvir as lamentações de suas mulheres.
Chefe: Isso é bom! Isso é bom.
— John Milius, Conan, o Bárbaro (1982)

Aqui está o diálogo mais associado a Conan na mente do público. Pergunte a qualquer um que não esteja familiarizado com Howard sobre

Conan, e nove vezes em dez, é isso que eles vão mencionar. Exceto, é claro, que o Conan de Howard nunca diria essas palavras, ou qualquer coisa remotamente próxima. Isso não é surpreendente, dado que a filosofia grandiosa e marcial de Milius é exatamente o oposto da prosa e da inclinação de Howard. Dito isto, se a citação deve sua popularidade a Milius, ela não se origina dele.

Seu filme Conan é essencialmente uma homenagem a Genghis Khan. Milius, um "zen fascista" (como ele mesmo se descreve), sempre teve a ideia de dirigir um filme sobre o conquistador mongol, e ainda pensava nisso em 2010, quando teve seu derrame. É esse fascínio pelo assunto que explica o nome Subotai, o amigo de Conan no filme: o verdadeiro Subotai era um dos tenentes mais confiáveis do Khan. O único elo que pode ser estabelecido entre o filme e Howard é que Howard leu *Genghis Khan, Emperor of all Men*,[87] a biografia de 1924 escrita por Harold Lamb, e Milus também, compreensivelmente, dado seu interesse pelo assunto. O interesse de Milius no assunto pode ser visto nesta troca mais interessante tirada do livro de Lamb:

> Um dia, no pavilhão de Karakorum, ele perguntou a um oficial da guarda dos Monobos o que, em todo o mundo, poderia trazer a maior felicidade.
>
> "A estepe aberta, um dia claro e um cavalo rápido debaixo de você", respondeu o oficial depois de pensar um pouco, "e um falcão em seu pulso para atormentar as lebres".
>
> "Não", respondeu o Khan, "esmagar seus inimigos, vê-los cair a seus pés — tomar seus cavalos e mercadorias e ouvir a lamentação de suas mulheres. Isso é o melhor."

Gêngis, o bárbaro? Provavelmente. Um excelente filme e uma trilha inesquecível? Sim, de fato. Um filme que tem alguma coisa a ver com o Conan de Howard? Absolutamente não.

---

[87] *Genghis Khan, Imperador de Todos os Homens.*

2. Conan deixa sua terra natal porque quer se tornar um rei.

Essa noção não é encontrada em nenhum lugar em Howard, ao contrário da crença popular. Está um pouco presente no filme de Milius, mas é principalmente a L. Sprague de Camp que devemos essa modificação da vida do cimério, que mudou de uma ode à liberdade para um plano de carreira.

Ao criar o mito da lenta ascensão de um bárbaro até os degraus da escada social (ladrão, guerreiro, mercenário, general, rei), de Camp deu aos leitores a ilusão de uma progressão lógica na "carreira" do cimério. Novamente, isso não é encontrado em nenhum lugar em Howard. O texano escreveu três contos retratando Conan como rei da Aquilônia (em dois deles, aliás, ele perdeu seu trono para usurpadores.) Mas sua ascensão à realeza não foi o resultado de um plano cuidadosamente estabelecido: a oportunidade apresentou-se um dia, e Conan a aproveitou, não porque correspondesse à realização de uma ambição de toda a vida, mas porque é da natureza de Conan aproveitar uma boa oportunidade quando a vê, se tiver vontade para tal. Sim, de Camp sabia disso, por isso teve que "consertar" uma seção de "O Estranho Negro" para fazer a história se encaixar em sua concepção da série, bem como escrever contos de sua autoria que preenchessem o que ele percebia como "buracos na saga".

> Em "Além do Rio Negro", Conan diz isso:
> "Eu já fui um capitão mercenário, um corsário, um *kozak*, um vagabundo sem dinheiro, um general — inferno, eu já fui tudo menos um rei, mas ainda posso vir a ser, antes de morrer." A ideia o agradou, e ele sorriu malicioso. Então encolheu os ombros e esticou sua figura poderosa nas rochas. "Esta é uma vida tão boa quanto qualquer outra. Eu não sei quanto tempo vou ficar na fronteira; uma semana, um mês, um ano. Eu tenho um pé errante. É assim aqui na fronteira como em qualquer outro lugar."

> E em "Pregos Vermelhos":
> "Eu nunca fui rei de um reino hiboriano", ele sorriu, dando uma enorme mordida no cacto. "Mas eu sonhei em ser um também. Eu posso vir a ser, algum dia. Por que eu não deveria?"

A obsessão de de Camp pela lenta ascensão das origens humildes - desprezíveis — (ladrão) às alturas da — respeitável — sociedade, está de acordo com a concepção típica da "história de sucesso" americana, uma variação hiboriana não muito sutil das histórias de "dos trapos-para-a-riqueza" de: um jovem vindo de um país estrangeiro, começando com nada além de um desejo de sucesso, que finalmente alcança o ápice do sucesso. (Pode-se facilmente ver como Arnold Schwarzenegger poderia facilmente se identificar com o personagem que o tornou famoso.) Quem lê as três histórias mostrando Conan como rei da Aquilônia logo entende que a concepção de reinado de Howard não poderia estar mais longe do destino de um ambicioso aventureiro impondo sua vontade de ferro sobre um povo subjugado. Em Howard, o rei está, acima de tudo, a serviço de seu povo e, na maior parte das vezes, é esmagado pelos deveres da função real. Turlogh O'Brien e Bran Mak Morn, dois outros personagens de Howard que se tornam reis, são exemplos idênticos.

3. Ciméria.

Ciméria é o país das origens de Conan, e é também por causa da Ciméria que Conan é quem ele é. Quando lemos os contos de Conan, encontramos numerosos turanianos, aquilonianos ou bossonianos. No entanto, não há nenhum personagem cimério além de Conan. Basta ler a primeira versão do primeiro conto da série, "A Fênix na Espada" (o esboço original está publicado em *The Coming of Conan the Cimmerian*, Del Rey Books, 2003) para entender a natureza exata daquela terra: é uma região terrível, sombria, e o mero ato de pensar nisso leva Conan a beber álcool para buscar o esquecimento. Conforme descrito no poema de mesmo nome, o país é monótono, sombrio e ameaçador. Podemos assim dizer que Conan deixou a Ciméria tanto porque queria fugir dali, como porque queria vagar pelo mundo. Talvez, muito mais fugir do que porque queria vagar pelo mundo...

4. Quem foi a verdadeira inspiração por trás de Conan?

Há um grande número de respostas para essa pergunta, mas nenhuma resposta é satisfatória. De um ponto de vista estritamente literário, a primeira história de Conan foi apenas a reescrita de um conto de Kull de Atlântis, não vendido, escrito em 1929. Poder-se-ia argumentar que Conan e Kull são idênticos. Eles são apenas parecidos fisicamente, no entanto (apesar de Kull ter olhos cinzas e Conan, olhos azuis). Conan é um cimério que, na concepção do mundo hiboriano de Howard, faz dele um proto-histórico gaélico irlandês. A esse respeito, o outro personagem de Howard, ao qual ele está mais próximo, não é Kull, mas o selvagem e sombrio Cormac FitzGeoffrey (origem irlandesa, olhos azuis, jura por Crom).

> Howard explicou uma vez que:
> Conan simplesmente cresceu em minha mente há alguns anos quando eu estava parando em uma pequena cidade fronteiriça no baixo Rio Grande. Eu não o criei por nenhum processo consciente. Ele simplesmente saiu do oblívio e me colocou ao trabalho registrando a saga de suas aventuras.

> Ele acrescentou que:
> Ele é simplesmente uma combinação de vários homens que conheço, e acho que é por isso que ele pareceu se desenvolver em minha consciência quando escrevi o primeiro conto da série. Algum mecanismo em meu subconsciente assumiu as características dominantes de vários pugilistas, pistoleiros, contrabandistas, valentões de campo de petróleo, jogadores e trabalhadores homens, com quem entrei em contato, e combinando todos eles, produziu a amalgamação que eu chamo de Conan, o cimério.

Não se deve considerar literalmente o valor factual do que Howard disse aqui, como é frequentemente o caso de tais declarações. Quando ele criou o personagem, em 1932, ele estava apenas começando a se interessar pela história do Sudoeste e dos pistoleiros, mas não o suficiente para influenciá-lo tão importantemente nas histórias de Conan. Conan pode, assim, ser uma "combinação", como Howard escreve, mas as fontes por trás de suas criações mais famosas são variadas e diversas.

Arnold Schwarzenegger (esq.) como Conan; Jason Momoa (dir.) como Conan.

5. Arnold ou Jason?

Howard descreve sistematicamente Conan como um homem poderoso, mas também como muito flexível, capaz de escalar um penhasco usando apenas as mãos. Quando se trata de metáforas, o cimério é geralmente comparado a um grande gato ou pantera, que pode se mover a uma velocidade impressionante. Howard também nos diz que Conan fala muitas línguas, que "ele ficou de cócoras por horas nos pátios dos filósofos, ouvindo os argumentos de teólogos e professores", e só é preciso ler as histórias para perceber rapidamente que Conan pode falar com bastante eloquência quando ele quiser.

Quando tudo isso é levado em conta, é realmente necessário acrescentar que o Conan nunca bate em nenhum camelo nas histórias?

Farnsworth Wright levou muitos meses até perceber o potencial comercial de Conan. As primeiras três histórias ("A Fênix na Espada", "A Cidadela Escarlate" e "A Torre do Elefante") foram publicadas sem ilustrarem as capas e nem serem mencionadas nelas. A quarta foi "Colosso Negro " (edição de junho de 1933). A capa, pintada por Margaret Brundage, mostra uma Yasmela nua implorando à estátua de seu deus, mas o cimério não é visto em lugar nenhum. A próxima história de Conan foi "Xuthal do Crepúsculo". A capa de Brundage mostra uma Thalis seminua chicoteando uma Natala igualmente nua. Aqui, novamente, o cimério não é visto em lugar nenhum. Foi somente quando a "Rainha da Costa Negra" foi publicada (maio de 1934) que Conan fez sua primeira aparição na capa. Ele esteve presente uma segunda vez em agosto ("O Demônio de Ferro") e uma terceira vez em 1935 (A Hora do Dragão). Todas as outras capas apresentavam mulheres seminuas e nenhum Conan. Quanto a "Além do Rio Negro", um dos melhores contos da série, publicado como seriado, nem teve capa. Não há personagens femininas de destaque nessa história, e isso provavelmente explica a questão.

6. Conan e as mulheres.

O público geralmente não consegue imaginar Conan sem uma mulher chorosa agarrada a ele em um estado de nudez que o clima nem pode começar a justificar, cuja tendência de abrir a porta errada ou ser mais ou menos capturada por um monstro octopóide parece desafiar as probabilidades. Seria o texano responsável, ou mesmo culpado, por esse estado lastimável de coisas?

A resposta é sim... e não. Sim, porque no segundo semestre de 1932, Howard de repente viu-se aquém de vários mercados regulares, vítimas da Depressão. Seu único mercado regular era a *Weird Tales*, que publicava as histórias de Conan. A revista tinha acabado de contratar uma nova artista de capa, Margaret Brundage, que se destacou em representar mulheres nuas ou seminuas. Howard, precisando urgentemente de dinheiro, notou, e inclinou suas próximas histórias para que incluíssem uma cena que poderia potencialmente ser selecionada para uma ilustração da capa. Quando a situação financeira de Howard melhorou alguns meses depois, ele começou a escrever contos de Conan com personagens femininos mais completos, culminando com Valéria da Irmandade Vermelha em "Pregos Vermelhos".

As primeiras histórias de Conan (compostas entre março e setembro de 1932) não apresentam uma única donzela em perigo, sendo as únicas duas personagens femininas, Atali (uma deusa) e Bêlit (a rainha da Costa Negra). Começando com "Povo do Círculo Negro" (janeiro de 1934), as heroínas de Howard são na maior parte bastante temperamentais e interessantes: Yasmina (Devi de Vendhya), Gitara (uma espiã e conspiradora, que tem seu amante Khemsa sob suas rédeas), Zelata (uma bruxa idosa), Zenóbia (uma escrava que arrisca sua vida para salvar Conan), Belesa e Tina (uma moça e uma criança) e Valéria, a pirata (que zomba dos avanços de Conan). É verdade que nem todas estão isentas de estereótipos, mas estão longe, muito longe, do tipo de mulher geralmente associada ao cimério.

A maioria dos *pastiches* — de de Camp, Lin Carter e outros — assim como a versão da Marvel Comics de Conan, contribuíram muito mais para a imagem de um Conan machão do que os poucos contos mais fracos escritos por Howard. Nenhum admirador de Howard jamais classificaria essas histórias em sua lista das melhores.

7. Bêlit, Valéria ou Red Sonja? Conan tem uma namorada regular?

Red Sonja não é uma criação de Howard. Bêlit não é o grande amor de Conan (ele não chora depois que ela morre: Conan, da Marvel Comics sim). Quanto a Valéria, ela zomba das tentativas do cimério de seduzi-la. Com certeza, ela é menos ardente no final da história, mas seu esgotamento físico e mental depois do que aconteceu em Xuchotl explica isso. Conan não tem mais relacionamentos em sua biografia do que James Bond.

A cada nova história, o leitor encontra novas situações e novos personagens, masculinos e femininos. Apenas Conan permanece o mesmo, sendo um dado.

Título	Escrito	Personagem Feminina Dependente	Personagem Feminina Forte
"A Fênix na Espada"	Fev. 32		
"A Filha do Gigante do Gelo"	Fev. 32		X
"O Deus na Urna"	Mar. 32		
"A Torre do Elefante"	Mar. 32		
"A Cidadela Escarlate"	Abr. 32		
"Rainha da Costa Negra"	Jul. 32		X
Fight Stories, Action Stories e Strange Tales são encerradas.			
"Colosso Negro"	Set. 32	X	
"Sombras de Ferro na Lua"	Out. 32	X	
"Xuthal do Crepúsculo"	Nov. 32	X	X
"O Poço do Negro"	Nov. 32	X	
"Patifes em Casa"	Dez. 32		
"Vale das Mulheres Perdidas"	Fev. 33	X	
Howard contrata um agente. Vendas começam a subir outra vez em Junho de 1933.			
"O Demônio de Ferro"	Out. 33	X	
"Povo do Círculo Negro"	Jan. 34		X
"A Hora do Dragão"	Mar. 34		X
"Uma Bruxa Nascerá"	Jun. 34		X
"Os Servos de Bit-Yakin"	Jul. 34	X	
"Além do Rio Negro"	Ago. 34		
"O Estranho Negro"	Fim de 34		X
"Os Devoradores de Homens de Zamboula"	Início de 35		
"Pregos Vermelhos"	Jul. 35		X

8. Conan... o bárbaro?

Sherlock Holmes nunca profere as palavras pelas quais ele é mais famoso — "Elementar, meu caro Watson" — em qualquer um dos 60 contos que Sir Arthur Conan Doyle dedicou ao seu personagem. Da mesma forma, não é surpresa que Howard nunca use a expressão "Conan, o Bárbaro" em nenhum lugar. "Conan, o Bárbaro" é um ícone da cultura *pop*, um personagem de *pastiche*, um personagem de filme. Howard escreveu histórias contando sobre um cimério chamado Conan.

9. O verdadeiro Conan entre aspas.

A porta entalhada fechou-se atrás do poitaniano e Conan se voltou para sua tarefa. E de repente o disfarce de sua alegria se afastou dele como uma máscara. Seu rosto estava de repente velho, seus olhos desgastados. A melancolia irracional do cimério caiu como uma mortalha sobre sua alma, paralisando-o com uma sensação de futilidade esmagadora. Sua realeza, suas amizades e todas as coisas terrenas pareciam como poeira. As fronteiras da vida murcharam e as linhas se fecharam sobre ele, esmagando-o. Deixando cair a cabeça de leão em suas mãos poderosas, ele gemeu em voz alta.

> "Então, levantando a cabeça, como um homem procura escapar, seus olhos caíram sobre um frasco de cristal de vinho amarelo. Rapidamente ele se levantou e serviu uma taça cheia, bebendo de um só gole. Novamente ele encheu e esvaziou a taça, e mais uma vez. Desta vez, quando ele a colocou sobre a mesa, um bom calor invadiu suas veias. Fatos e eventos assumiram novos valores. As cinzentas colinas cimérias desapareciam muito atrás dele."
> – *"A Fênix na Espada", primeira versão*

> "O que sei eu das maneiras cultas, dos fios dourados, da astúcia e falsidade?
> 'Eu, que nasci em uma terra nua e nasci ao céu aberto.'
> 'A língua sutil, a malícia sofista, elas falham quando as espadas cantam.'
> "Avancem e morram, cães — eu era um homem antes de ser rei.""
> — *"A Fênix na Espada"*

> "Os homens civilizados são mais descorteses do que os selvagens porque sabem que podem ser indelicados sem ter seus crânios partidos, como uma coisa normal."
> — *"A Torre do Elefante"*

"Conheci muitos deuses. Aquele que os nega é tão cego quanto aquele que confia neles muito profundamente. Eu não procuro o além da morte. Pode ser a escuridão declarada pelos céticos nemedianos, ou o reino de gelo e nuvem de Crom, ou as planícies nevadas e os salões abobadados do *Valhalla* dos *Nordheimeres*.[88] Eu não sei, nem me importo. Deixe-me viver profundamente enquanto estou vivo; deixe-me conhecer os ricos sucos da carne vermelha e vinho picante no meu paladar, o abraço quente de braços brancos, a louca exultação da batalha quando as lâminas azuis flamejam e se tornam carmesim, e eu fico contente. Que professores, sacerdotes e filósofos pensem em questões de realidade e ilusão. Eu sei disso: se a vida é ilusão, então não sou menos que uma ilusão e, sendo assim, a ilusão é real para mim. Eu vivo, eu queimo com a vida, eu amo, eu mato e estou contente."
— *"Rainha da Costa Negra"*

"O que você é senão um aventureiro, agarrando uma coroa a qual você não tinha mais direitos do que qualquer outro bárbaro errante?" - esquivou-se Amalrus. "Estamos preparados para lhe oferecer uma compensação adequada..."

"Compensação!" A resposta veio como uma rajada de riso profundo do peito poderoso de Conan. "O preço da infâmia e da traição! Eu sou um bárbaro, então vou vender meu reino e seu povo pela vida e seu ouro imundo? Ha! Como você chegou à sua coroa, você e esse porco de cara preta ao seu lado? Seus pais tiveram que lutar e sofrer, depois entregaram suas coroas em bandejas de ouro. O que você herdou sem levantar um dedo — exceto para envenenar alguns irmãos — eu lutei para ter.

"Você senta no cetim e bebe vinho que custaram suor das pessoas, e fala de direitos divinos de soberania — bah! Eu ascendi do abismo da barbárie nua para sentar no trono e, em minha ascensão, derramei meu sangue com tanta liberdade quanto derramei o de outros. Se algum de nós tem o direito de governar homens, por Crom, sou eu!

---

[88] *Nordheimeres ou Nordheimires é um termo usado por Howard no ensaio A Era Hiborina para referir aos aesires (povo loiro de Asgard) e aos vanires (o povo ruivo de Vanaheim) coletivamente como gentílicos de uma só região chamada Nordheim, obviamente, composta por Asgard e Vanaheim.*

Como você se provou meu superior?
"Eu encontrei Aquilônia nas garras de um porco como você — alguém que traçava sua genealogia por mil anos. A terra estava destruída pelas guerras dos barões e o povo gritava sob opressão e tributação. Hoje, nenhum nobre aquiloniano ousa maltratar o mais humilde dos meus súditos, e os impostos do povo são mais leves do que em qualquer outro lugar do mundo.
"E quanto a você? Seu irmão, Amalrus, segura a metade oriental do seu reino e te desafia. E você, Strabonus, seus soldados estão, mesmo agora, cercando castelos de uma dúzia ou mais de barões rebeldes. O povo de ambos os seus reinos é esmagado na terra por impostos e recrutamento tirânicos. E vocês querem saquear o meu — Ha! Libertem minhas mãos e vou envernizar este chão com seus cérebros!"
— *"A Cidadela Escarlate"*

"O lenhador suspirou e olhou para a mão calejada, desgastada pelo contato com o cabo do machado e o punho da espada. Conan estendeu o braço comprido para o jarro de vinho. O silvícola olhou para ele, comparando-o com os homens ao seu redor, com os homens que haviam morrido ao longo do rio perdido, comparando-o com aqueles outros homens selvagens do outro lado do rio. Conan não parecia consciente do seu olhar.
"O barbarismo é o estado natural da humanidade", disse o homem da fronteira, ainda olhando sombriamente para o cimério. "Civilização é antinatural. É um capricho das circunstâncias. E o barbarismo deve sempre triunfar, no final."
— *"Além do Rio Negro"*

"Não há nada no universo que o aço frio não possa cortar."
— *"Além do Rio Negro"*

"Deixe os outros sonharem sonhos imperiais. Eu apenas desejo preservar o que é meu. Não tenho o desejo de governar um império mantido por sangue e fogo. Uma coisa é conquistar um trono com a ajuda de seus súditos e governá-los com o consentimento deles. Outra é subjugar um reino estrangeiro e controlá-lo pelo medo. Eu não que-

ro ser outro Valérius. Não, Trócero, vou governar toda a Aquilônia e nada mais, ou não vou governar nada.
— *"A Hora do Dragão"*

"Bem, ontem à noite em uma taverna, um capitão da guarda do rei tentou violentar a namorada de um jovem soldado, que naturalmente o derrubou. Mas parece que há alguma lei maldita contra a matança de guardas, e o rapaz e sua namorada fugiram. Espalharam que fui visto com eles, e hoje fui conduzido ao tribunal, e um juiz me perguntou para onde o rapaz tinha ido. Eu respondi que sendo ele um amigo meu, eu não poderia traí-lo. Então a corte se enfureceu, e o juiz falou muito sobre meu dever para com o Estado, a sociedade e outras coisas que eu não entendi, e ordenou que eu revelasse para onde meu amigo tinha fugido. A essa altura, eu também estava ficando furioso, pois já tinha explicado minha posição.
"Mas eu sufoquei minha ira e permaneci calado, mas o juiz berrou que eu havia mostrado desprezo pela corte, que eu deveria ser jogado em uma masmorra para apodrecer até que traísse meu amigo. Então, vendo que eles estavam todos loucos, eu desembainhei minha espada e fendi o crânio do juiz; depois eu cortei meu caminho para fora da corte e, vendo o garanhão do chefe da guarda amarrado ali perto, cavalguei até o cais, onde pensei em encontrar um navio com destino a partes estrangeiras."
— *"Rainha da Costa Negra"*

"Quem é você?" Perguntou ela. "Shah Amurath te chamou de *kozak*;[89] você era daquele bando?
"Eu sou Conan, da Ciméria", ele grunhiu. "Eu estava com os *kozaki*, como os cães hirkanianos nos chamavam."
Ela sabia vagamente que a terra que ele nomeava ficava a noroeste,

---

[89] *Kozak e kozaki, respectivamente singular e plural para a versão de Howard dos famosos guerreiros rebeldes ucranianos do sec. 16. O Kozak era um herói medieval romântico e violento, ainda hoje ser chamado de Kozak na Ucrânia é um grande elogio. Derivado de Cossack ("Cossaco"), um grupo de pessoas predominantemente de língua eslava do leste que se tornaram conhecidos como membros de comunidades democráticas, autônomas e semi-militares, predominantemente localizadas no sul da Rússia e no sudeste da Ucrânia.*

além dos limites dos diferentes reinos de sua raça.
Sou filha do rei de Ophir, disse ela. "Meu pai me vendeu a um chefe Shemita, porque eu não queria me casar com um príncipe de Koth."
O cimério grunhiu em surpresa.
Seus lábios se contorceram em um sorriso amargo. "Sim, homens civilizados vendem seus filhos como escravos a selvagens, às vezes. E eles chamam sua raça de bárbaro, Conan da Ciméria."
"Nós não vendemos nossos filhos", ele rosnou, seu queixo avançando de forma truculenta.
— *"Sombras de Ferro na Lua"*

"A melhor terra perto do rio Thunder já está ocupada", grunhiu o matador. "Há muitas boas terras entre a enseada do Scalpo — que você cruzou alguns quilômetros atrás — e o forte, mas isso está ficando diabólico perto do rio. Os pictos se esgueiram para queimar e matar — como aquele fez. Eles nem sempre vêm sozinhos. Algum dia eles tentarão varrer os colonos de Conajohara. E podem ter sucesso — provavelmente vão conseguir. Este negócio de colonização é uma coisa louca, de qualquer maneira. Há muitas boas terras a leste das fronteiras bossonianas. Se os aquilonianos cortassem algumas das grandes fazendas de seus barões, e plantassem trigo onde agora apenas cervos são caçados, eles não teriam que atravessar esta fronteira para tomar a terra dos pictos."
"Esta é uma conversa estranha de um homem a serviço do governador de Conajohara", objetou Balthus.
"Não para mim", retrucou o outro. "Eu sou um mercenário. Eu vendo minha espada ao maior lance. Eu nunca plantei trigo e nunca o farei, contanto que haja outras colheitas a serem feitas com a espada."
— *"Além do Rio Negro"*

"Conan, o cimério!" Exclamou a mulher. "O que você está fazendo em meu rastro?"
Ele sorria malicioso, e seus ferozes olhos azuis queimavam com uma luz que qualquer mulher entenderia, enquanto corriam sobre sua figura magnífica, demorando-se na ondulação de seus seios esplêndidos sob a blusa leve, e a clara carne branca exposta entre os calções e as

botas altas.

"Você não sabe?" Ele riu. "Não deixei minha admiração por você bem clara, desde que a vi pela primeira vez?"

"Um garanhão não poderia ter deixado mais claro", ela respondeu com desdém.

— *"Pregos vermelhos"*

10. Conan Canônico

No final da década de 1990, a editora britânica Wandering Star adquiriu os direitos sobre as histórias de Conan, que estavam em sua mira desde o primeiro dia. A primeira edição mundial dos contos de Conan, escrita por Robert E. Howard, sem qualquer adulteração editorial estava prestes a chegar ao mercado.

Wandering Star era, antes de mais nada, uma empresa de produção cinematográfica, assim comprara os direitos do filme a Solomon Kane. Foi Marcelo Anciano, diretor de arte do projeto e seu verdadeiro mentor, que decidiu gastar o orçamento promocional de forma original. Para seduzir o povo de Hollywood (agentes, atores e diretores), Anciano imaginou e concebeu um suntuoso livro ilustrado na tradição dos volumes *deluxe* do final do século XIX e início do século XX, onde os aspectos não-literários do livro (encadernação, decoração, ilustração, diagramação) foram considerados tão importantes quanto o conteúdo real. O raciocínio de Anciano era que as pessoas do cinema eram convencidas por seus olhos, não por seus cérebros, e assim precisavam de um estimulante visual: uma bela edição e ilustrações de alto nível. Ele queria apresentar Howard como um autor "clássico", parecido com Jack London ou Robert Louis Stevenson. Perfeitamente consciente das tribulações editoriais das histórias de Howard, ele contou com a ajuda de Rusty Burke, o principal estudioso de Howard, como editor da série. Publicado em 1998 para grandes elogios, *The Savage Tales of Solomon Kane* não levou imediatamente ao filme esperado, que não se tornaria uma realidade por mais quinze anos. Mas, Anciano permaneceu a bordo com o que chamou de "Biblioteca Howard" e, em seguida, publicou *Bran Mak Morn: The Last King* e *The Ultimate Triumph* (sendo este último, contos de Howard ilustrados por

Frank Frazetta).

Quando o contrato por Conan foi assinado, as expectativas dos fãs eram extremamente altas, assim como o volume de trabalho necessário. Era então do conhecimento comum entre os fãs que muitas das histórias nas edições anteriores tinham sido adulteradas, reescritas e / ou preenchidas pelos editores anteriores. Como seriam os textos puros de Howard? Quem seria o novo ilustrador cuja tarefa seria fazer os leitores esquecerem Frazetta? Quantos volumes, qual a ordem para as histórias e quais seriam as fontes para os textos?

Anciano optou por ter um ilustrador diferente para cada volume de Conan. Os contos de Conan eram suficientemente ricos para permitir interpretações variadas. Então ele e Burke perguntaram a esse autor se ele queria editar os livros.

Três anos antes, minha primeira tentativa séria de estudar Howard fora publicada em *The Dark Man, the Journal of Robert E. Howard Studies*,[90] editado pelo mesmo Rusty Burke. Intitulado "*The Birth of Conan*"[91] de maneira irônica, meu objetivo era explicar como Conan realmente nasceu: não em um campo de batalha, mas em fevereiro de 1932, em uma folha de papel escrita. O ensaio estabeleceu uma linha do tempo mostrando a ordem em que Howard escreveu as histórias de Conan, uma tarefa que era considerada impossível por muitos. Foi esse ensaio (e um conhecimento sobre o que eu estava trabalhando), que convenceu Burke a sugerir a Anciano que contratasse esse francês como editor dos volumes de Conan.

Naquela época, o projeto ainda era vago em sua concepção, mas duas coisas estavam claras em minha mente: as histórias deveriam ser publicadas na ordem em que foram escritas, com a exceção dos contos e fragmentos inacabados, que deveriam ser relegados a apêndices, e não fazer parte do corpo principal do livro (uma vez que o próprio Howard optou por não completá-los). Por outro lado, as histórias não publicadas na *Weird Tales* foram reintegradas no corpo principal. Os gostos e decisões de Wright não mais importariam setenta anos após o fato. A nova apresentação — histórias que aparecendo na ordem de escrita e todos os fragmentos, deixados em seu estado não editado, na última seção do livro — rompeu

---

[90] *O Homem Negro, o Jornal de Estudos sobre Robert E. Howard.*
[91] *O Nascimento de Conan.*

com trinta e cinco anos da prática editorial que deu a chamada biografia de Conan precedência sobre a evolução e amadurecimento de Howard como autor. A edição planejada originalmente para ter quatro volumes foi revertida para três (assim como o outro monumento da fantasia moderna). Por último, eu queria que os livros terminassem com uma série de ensaios críticos densos, que colocariam de lado as tolices que haviam flagelado as críticas sobre Howard e Conan por décadas, assim, oferecendo aos leitores novas idéias e informações sobre as histórias.

Graças à minha amizade com Glenn Lord, ex-agente dos herdeiros de Howard, eu acumulei milhares de cópias de páginas datilografadas originais de Howard e passei um bom tempo desenvolvendo técnicas para datá-las, baseadas em vários elementos (idiossincrasias, apresentação, erros de ortografia, peculiaridades de máquinas de escrever, etc.) como parte de minhas pesquisas pessoais. Quando fui oficialmente nomeado editor da série, essa tarefa já estava em andamento e quase concluída (embora "O Vale das Mulheres Perdidas" tenha resistido aos meus esforços por muitas semanas). Se Glenn possuía a imensa maioria dos documentos sobreviventes de Howard, eu sabia que alguns textos datilografados de Conan estavam em mãos particulares, e eu os estava rastreando. Finalmente obtive cópias de cada um deles, com duas exceções: um rascunho para "Uma Bruxa Nascerá" (onde recebi um direto "não") e, talvez, a versão final para "Rainha da Costa Negra", supostamente existente por aí, provavelmente enterrada em uma coleção (ou talvez duas) desde 1984.

A *Weird Tales*, assim como a maioria das revistas pulp, destruía os textos datilografados assim que a história era transcrita em tipografia, e assim muitas das versões finais dos contos de Howard estão perdidas para sempre, com algumas exceções. Felizmente, Howard guardava tudo, e em seus arquivos havia muitas cópias carbono das versões finais. Além disso, ele havia enviado alguns textos, provavelmente em resposta ao pedido de alguns colecionadores. Robert H. Barlow, jovem protegido de Lovecraft, era um ávido fã de Howard e Conan, que acabou tendo 6, ou talvez 7, contos datilografados de Conan em sua coleção. A comparação entre os carbonos e as versões publicadas na *Weird Tales* revelou que o editor da revista censurava as poucas linhas de diálogos que ele considerasse demasiado "picantes" ou profanas. Tibérias, o comerciante, em "Além do Rio Negro", um "bastardo gordo" no texto datilografado de Howard,

O autor (dir.) ccom Glenn Lord (esq.) em 2009.

tornou-se um "tolo gordo" na versão publicada. A política de edição da Wandering Star foi absolutamente respeitosa com o texto de Howard e corrigiu apenas alguns poucos erros de ortografia, todas as histórias foram publicadas pela versão final dos escritos de Howard ou pelas cópias carbono e o texto da *Weird Tales* foi usado apenas quando nenhuma melhor fonte foi encontrada.

Os três volumes rapidamente se tornaram a edição padrão — dominante — dos contos de Conan, e foram usados como base para a edição em brochura da Del Rey Books, a partir de 2003. As edições estrangeiras agora são sistematicamente baseadas nesses três volumes.

Agora, em posição de separar o joio do trigo, os leitores e estudiosos podem finalmente ver quem Conan — o Conan de Howard — realmente era. Alguns anos depois, o impacto é evidente: o RPG de Conan, da Modiphius, e o jogo de tabuleiro de mesa, Conan, da Monolith, usam apenas os contos de Howard como fontes, tendo contratado especialistas em Howard para garantir que eles permaneceriam fiéis ao material original. No outro extremo do prisma, pode-se ver um interesse definido em Howard no campo acadêmico, ao redor do mundo. O primeiro passo, antes de qualquer forma de reconhecimento acadêmico, é a pronta disponibilidade de uma edição padrão, uniforme e reconhecida. Isso levou décadas, não anos, atrasando consideravelmente o estudo sério de Howard.

“Eu vou dizer uma coisa sobre uma explosão do petróleo: vai ensinar uma criança que a vida é uma coisa muito podre quase tão rápido quanto qualquer coisa que eu possa pensar.”

— Robert E. Howard

Capítulo Sete
Sobre Howard

1. Howard e Lovecraft, melhores inimigos?

A correspondência entre Robert E. Howard e H. P. Lovecraft é, sem dúvida, uma das mais importantes e fascinantes no domínio da ficção imaginativa. Lovecraft não precisa de apresentação, saudada como a primeira estrela contribuidora da *Weird Tales*, quando a revista ainda estava em sua infância. Howard descobriu Lovecraft muito cedo. Uma carta não enviada (ou não publicada) de Howard apareceu recentemente, provavelmente datando de 1926, na qual ele elogia o talento de HPL. Outra carta enviada para a *Weird Tales* é igualmente enfática: "A última história do Sr. Lovecraft, 'O Chamado de Cthulhu', é de fato uma obra-prima, que, tenho certeza, viverá como uma das maiores conquistas da literatura. O Sr. Lovecraft ocupa uma posição única no mundo literário; ele compreendeu, para todos os efeitos, os mundos fora de nosso minguado alcance de conhecimento. Seu âmbito é ilimitado e seu alcance é cósmico. Ele tem a rara dádiva de fazer o irreal parecer muito real e terrível, sem diminuir a sensação de horror presente. Ele toca picos em seus contos que nenhum escritor moderno ou antigo jamais insinuou. Sentenças e frases saltam repentinamente para o leitor, como se no negrume total da escuridão solar uma porta fosse repentinamente escancarada, de onde irrompesse o fogo vermelho do Purgatório, através do qual poderiam ser momentaneamente vislumbradas formas monstruosas de pesadelo. Herbert Spencer pode estar certo quando disse que estava além da mente humana compreender o Incognoscível, mas o Sr. Lovecraft está em uma maneira justa de refutar essa teoria, penso eu. Aguardo sua próxima história com ansiosa

H. P. Lovecraft

expectativa, sabendo que qualquer que seja o assunto, ele será tratado com a habilidade e incrível visão que ele sempre demonstrou." Lovecraft também havia notado os esforços do jovem Howard: "Eu me tornei consciente dele como líder vindouro há apenas uma década - quando (em um banco em Prospect Park, Brooklyn) eu li "Cabeça de Lobo". Eu já tinha lido dois de seus contos curtos anteriores com prazer, mas sem notar especialmente o autor. Agora, em '26', vi que a *Weird Tales* havia conseguido uma nova estrela do calibre de CAS[92] e EHP.[93] Eu não fiquei nem um pouco decepcionado com o vigoroso e entusiasmado recém-chegado. Ele fez bem... e como!

Os dois homens não começariam a se corresponder até 1930, quando Howard tomou a desculpa de uma reimpressão de "*The Rats in the Wall*",[94] de HPL, para enviar uma carta a Farnsworth Wright, perguntando sobre o uso estranho, por HPL, do dialeto gaélico ao invés do britônico no final da história, achando que talvez Lovecraft compartilhasse suas visões pouco ortodoxas sobre a colonização das ilhas britânicas. As noções de Wright sobre a questão eram provavelmente tão embaçadas quanto as de qualquer um, e ele simplesmente encaminhou a carta para Lovecraft. Na verdade, o último simplesmente levantou a passagem em questão de uma história de Fiona McLeod, achando que ninguém notaria. Enganou-se. Ele rapidamente enviou uma carta a Howard, iniciando assim o que se tornaria uma volumosa correspondência que só terminou quando Howard morreu.

---

[92] *Clark Ashton Smith (13 de janeiro de 1893 - 14 de agosto de 1961) foi um poeta americano autodidata, escultor, pintor e autor de contos de fantasia, horror e ficção científica. Ele alcançou o reconhecimento local precoce, em grande parte através do entusiasmo de George Sterling, pelo tradicional verso na veia de Swinburne. Como poeta, Smith é agrupado com os Românticos da Costa Oeste ao lado de Joaquin Miller, Sterling e Nora May French e lembrado como "O Último dos Grandes Românticos" e "O Bardo de Auburn". O trabalho de Smith foi elogiado por seus contemporâneos. H. P. Lovecraft afirmou que "em pura estranheza demoníaca e fertilidade de concepção, Clark Ashton Smith é talvez insuperável", e Ray Bradbury disse que Smith "encheu minha mente com mundos incríveis, cidades incrivelmente bonitas e ainda criaturas mais fantásticas". Smith foi um dos "três grandes" da Weird Tales, junto com Robert E. Howard e H. P. Lovecraft, mas alguns leitores se opuseram à sua morbidez e "violação das tradições pulp". L. Sprague de Camp disse, certa vez, sobre Smith, que "ninguém desde Poe amou tanto um cadáver bem apodrecido". Smith era um membro do círculo de Lovecraft e sua amizade literária o homem de Providence durou de 1922 até a morte de HPL em 1937. Sua obra é marcada por um vocabulário extraordinariamente rico e ornamentado, uma perspectiva cósmica e uma veia sarcástico e, às vezes, de humor irreverente.*

[93] *E. Hoffmann Price ou Edgar Hoffmann Price (3 de julho de 1898 - 18 de junho de 1988) foi um escritor americano de ficção popular (ele era um auto-intitulado 'ficcionador') do mercado de revistas pulp. Colaborou com H. P. Lovecraft em "Through the Gates of the Silver Key" (Através dos Portões da Chave de Prata).*

[94] *Os Ratos na Parede.*

Primeiro limitado à linguística celta e à civilização, o escopo de seus intercâmbios logo se ampliou para incluir uma ampla gama de assuntos. Howard ficou visivelmente impressionado, até mesmo admirado, com seu colega de Providence e, em questão de semanas, seus esforços literários dirigidos à *Weird Tales* deram uma guinada Lovecraftiana. O volume das cartas de Howard para seus amigos do Texas diminuiu rapidamente, enquanto aquelas trocadas com Lovecraft e que, logo, entrariam para o "círculo Lovecraft" cresceram em tamanho e volume. Demorou alguns meses para Howard perceber que ele estava imitando Lovecraft, produzindo contos que eram, na maior parte, insatisfatórios e bastante diferentes dos seus próprios. Seus esforços posteriores mostram algumas influências de Lovecraft às vezes, mas a essa altura Howard estava intencionalmente brincando com o trabalho de seu amigo, que encorajava a prática; daí, a referência a Cthulhu no primeiro Conan, ou os poucos monstros lovecraftianos que encontramos em alguns contos.

Embora sempre fossem muito educados um com o outro no começo, logo ficou claro que os dois homens eram diametralmente opostos sobre tudo. Depois de um tempo, Howard ficou muito mais virulento quando confrontado com o tom frequentemente condescendente de Lovecraft e começou a responder em tom veemente. Enquanto eles sinceramente admiravam as obras um do outro (embora Lovecraft lamentasse que Howard não estivesse mais escrevendo ficção esquisita), muitos dos contos que Howard escreveu para a *Weird Tales*, durante aqueles anos, foram alimentados por suas trocas. Nós já mencionamos "Pombos do Inferno" como uma resposta óbvia à concepção de horror de Lovecraft. Na mesma linha, o romance inacabado Almuric (início de 1934) pode ser lido como uma refutação indireta, literária, dos argumentos de Lovecraft durante seu debate de um ano sobre "mental versus físico" (com o professor Hildebrandt adepto da sempre presente cautela científica quanto à importância do físico). O "Água Selvagem" também deve algo às suas trocas, no que diz respeito aos cientistas "orientais" (ou seja, a leste do Mississipi) e sua limitada compreensão do Sudoeste.

As cartas que trocaram nos últimos dois anos da vida de Howard contêm alguns parágrafos muito amargos, assim como ataques contundentes de um Howard que tinha as maiores dificuldades para lidar com as afirmações peremptórias de Lovecraft.

Em 1936, Lovecraft ficou arrasado com a notícia da morte de Howard, e demorou algumas semanas até que pudesse lidar com a perda desse correspondente de seis anos, um homem que ele nunca conhecera. Sua eulogia, "In Memoriam", publicada alguns meses depois, continua sendo uma das análises mais perceptivas de Howard

2. As revistas pulps

Graças a Quentin Tarantino, todos ouviram falar das *pulps*, mas a maioria das pessoas não tem ideia do que elas eram. Quando Howard começou a escrever profissionalmente em 1921 (aos 15 anos), elas estavam tomando sua forma definitiva: revistas com lombada quadrada de 128 a 196 páginas, impressas no papel mais barato disponível (feito de polpa de madeira, daí seu nome), com capas brilhantes (que logo se tornariam particularmente vívidas), apresentando um número de contos, geralmente (mas nem sempre) uma série ou duas (para garantir que o leitor compraria a próxima edição). As mais prestigiosas eram a *Adventure*, a *Blue Book* e a *Argosy*, contendo um papel melhor e uma qualidade literária mais alta. Essas poucas publicações respeitáveis competiam com centenas de outros títulos, muitos dos quais duravam apenas algumas edições, imitações baratas de suas prestigiadas primas, muitas vezes com um assunto mais restrito: *Thrilling Adventures*, *Zeppelin Stories*, *Jack Dempsey's Fight Magazine*, etc.

Muitas das editoras eram operações instáveis, os trabalhos de arte podiam ser reciclados de uma revista para outra e, às vezes, as próprias histórias, muitas vezes sem o conhecimento do autor. Onde os exageros de situações e excitações eram definitivamente mais importantes do que a qualidade literária. As *pulps* ofereciam o entretenimento barato ao norte-americano médio em uma época em que os Estados Unidos mergulhavam na Grande Depressão. Seu declínio começou em 1938, logo após o aparecimento do Super-Homem e a explosão de super-heróis. Vendidos por quase o mesmo preço, incrivelmente barato de produzir, os quadrinhos eram muito mais lucrativos e tiravam as *pulps* das bancas de jornal.

A Weird Tales foi a mais importante revista pulp de fantasia e horror das décadas de 1920 e 1930.

3. Weird Tales

A *Weird Tales* apareceu nas bancas em março de 1923, ideia de um certo William Sprenger, que queria publicar uma revista inteiramente dedicada ao estranho. (Um esforço anterior — *The Thrill Book*[95] — cujo conteúdo incluía alguns contos fantásticos, falhou em obter sucesso em 1919, também porque, aparentemente, tivesse uma circulação muito limitada).

Edwin Baird, o primeiro editor da *Weird Tales,* experimentou muitos formatos para a revista, sem sucesso. O verdadeiro problema estava no conteúdo. Não há nada que valha a pena salvar no primeiro ano de publicação da *pulp*. As histórias eram, no máximo, simplesmente abismais ou indistintas, esquecidas assim que são lidas. As únicas exceções foram os primeiros contos de H. P. Lovecraft que estava fazendo sua estréia profissional na nova revista. Com dezenas de milhares de dólares em dívidas, o futuro da *Weird Tales* estava longe de ser brilhante. A Lovecraft foi oferecida a posição de Baird, mas ele recusou: ele teria que se mudar para Chicago (onde ficavam os escritórios da *Weird Tales*) e ele tinha

[95] *O Livro do Arrepio.*

acabado de se casar com Sonia Greene. Como era altamente provável que a revista não sobrevivesse por muito tempo, sua recusa é facilmente compreensível. Foi Farnsworth Wright, outro escritor, que aceitou o emprego. Ele provaria ser um editor muito melhor do que um autor, se os poucos contos publicados na revista servirem como uma indicação. Sua primeira tarefa era publicar todas as histórias do inventário, começar a caçar novos talentos e encorajar aqueles que ele sentisse ter potencial real, como Clark Ashton Smith (que, na época, só tinha alguns poemas publicados na Weird Tales), Henry. S. Whitehead ou Seabury Quinn (cujos primeiros contos mostraram potencial). Sua primeira nova descoberta, que logo se tornaria seu protegido, foi um jovem Robert E. Howard. Os dois homens desenvolveram uma relação de trabalho específica, frutífera, embora forçada, às vezes, pelos próximos dez anos. Wright nunca deixou de aconselhar Howard e encorajá-lo. Ele rejeitou muitos contos, mas na imensa maioria dos casos, essas rejeições eram justificadas, ou pelo menos bem intencionadas. Wright se mostraria muito menos visionário quando se tratasse de Lovecraft.

A *Weird Tales* é lembrada hoje por causa dos talentos que publicaram seus trabalhos mais famosos em suas páginas, mais notavelmente Howard, Lovecraft e Smith, mas também Catherine Moore, Manly Wade Wellman e outros, mas na época, o escritor mais popular da revista era Seabury Quinn e seus contos de Jules de Grandin, agora praticamente esquecidos. Em 1939, acometido pela doença de Parkinson, seus melhores autores mortos, aposentados ou alienados (devido às dificuldades financeiras crônicas da pulp), Wright foi substituído por Dorothy McIlwraith, efetivamente pondo fim à idade de ouro da revista. De tremenda qualidade literária quando comparada com a maioria das pulps contemporâneas, agraciada com maravilhosas capas de Margaret Brundage, Virgil Finlay e John Allen St. John, a *Weird Tales* foi, por alguns anos, verdadeiramente a 'revista ímpar', ostentando a frase com orgulho no topo de suas capas, no pequeno mundo das *pulps*.

4. Howard, herdeiro literário de William Morris e Lord Dunsany, ou primo de Dashiell Hammett?

Por muitos anos, L. Sprague de Camp e Lin Carter insistiram em tentar estabelecer Howard como um herdeiro literário digno (ou talvez não tão digno) dos "romances medievais vitorianos" de William Morris e das obras de Lord Dunsany. Não há nada, no entanto, nos escritos de Howard que mostre qualquer grau perceptível de influência desses escritores, a quem ele raramente menciona em sua correspondência. De Dunsany, ele disse que leu algumas de suas poesias, e não há nenhuma referência a Morris. Não seria até 1984 e a publicação do seminal "*Robert E. Howard: Hard-Boiled Heroic-Fantasist*"[96] de George Knight que a noção de um Howard influenciado por esses dois escritores foi definitivamente descartada. Knight — um pseudônimo de Don Herron — argumentou, no que é um dos mais importantes ensaios escritos sobre Howard, que o estilo e as preocupações de Howard não poderiam estar mais distantes, e estabeleceu um paralelo entre o que Howard estava fazendo com fantasia com o que Dashiell Hammett vinha fazendo com as histórias de detetive. Se "Hammet solucionou o assassinato a partir de um vaso veneziano e o jogou no beco", como Raymond Chandler escreveu uma vez, Knight mostra conclusivamente que Howard estava dando uma forma americana ao que até então era um gênero puramente europeu, se livrando do processo da linguagem ornamentada dos escritores vitorianos, estética refinada e sua obsessão com a aristocracia. O herói Howardiano é um cidadão comum que não tem paciência com monarquia e privilégios hereditários. O mundo em que ele vive não oferece esperança aqui, no presente, nem no futuro. É um campo de batalha constante em uma sociedade necessariamente corrupta, fadada à extinção, e na qual o protagonista pode, na melhor das hipóteses, esperar sobreviver e esquecer a morte por um tempo. É fácil entender por que Howard afirmou que Conan era um personagem realista. Há muitos pontos mais comuns entre os trabalhos de Howard e Hammett — embora os dois homens estivessem escrevendo em gêneros diferentes e não tivessem quase nada em comum — do que com os romances e fantasias medievais dos escritores do Velho Continente.

---

[96] *Algo como "Robert E. Howard: Fantasista heroico barra-pesada."*

5. Autor e Poeta

O epitáfio "Autor e poeta" podemos ler na lápide de Howard. Ele provavelmente havia descoberto poesia através de sua mãe, ela mesma uma amante da literatura em geral e da poesia em particular. Esse amor pela poesia é uma característica compartilhada pelos três grandes escritores da *Weird Tales* — Lovecraft, Howard e Smith. Exatamente quando Howard começou a escrever versos não é conhecido, mas sabemos que a imensa maioria de seus poemas foi composta entre 1926 e 1930 (entre 20 e 24 anos). Como todo jovem (e idealista) escritor, ele tentou várias vezes ter seus versos publicados, mas as coleções que ele enviava eram rejeitadas. Seu nome aparece em uma série da Vanity Press Publications, bem como em várias publicações amadoras, cuja escassez no mercado de colecionadores é um reflexo de sua minúscula tiragem e obscuridade. A única revista que publicou seus poemas com algum grau de regularidade, pagamento e visibilidade foi, mais uma vez, a *Weird Tales*. Mas era impossível ganhar a vida escrevendo poesia. Howard explicou que ele amava o verso, mas tinha que se concentrar em mercados que pagavam. Sua produção diminuiu rapidamente depois de 1930, e ele deixou de escrever poemas alguns meses depois, com a exceção ocasional (especialmente os títulos dos capítulos, dos quais ele era excessivamente afeiçoado).[97] É uma tarefa impossível avaliar corretamente o número de poemas que ele escreveu, já que muitos deles foram perdidos ou destruídos ao longo dos anos. Uma estimativa conservadora colocará o número bem acima de mil, dos quais mais de setecentos chegaram até nós. O verso de Howard está firmemente enraizado na tradição dos poetas clássicos da era vitoriana, longe da recente revolução modernista. Howard concluiu: "Minha rima não é de suma importância para eu levar isso a sério ou para me ligar a qualquer escola ou regra. Eu não sou poeta, mas eu nasci com um jeito de fazer pequenas palavras chacoalharem juntas e tenho um pouco de prazer com esses sons que crio. Estou disposto a deixar que os verdadeiros poetas triturem suas imagens com sangue e suor, enquanto percorro a vida tranquilamente com meu apito de meio centavo. O poetar é trabalhar e partejar; o rimar é prazeroso e festivo. Nunca dediquei mais de trinta minutos a

[97] *Essa é a razão pela qual a Red Dragon Publisher opta por manter os títulos originais das histórias como nomeados pelo autor.*

qualquer rima na minha vida, embora tenha passado horas memorizando a poesia de outros homens." Se Howard provavelmente dedicava pouco tempo à maioria de seus poemas, rapidamente registrava ideias no impulso do momento, é óbvio que alguns exigiram muito mais esforço. Ele foi o melhor versificador da *Weird Tales* junto com Clark Ashton Smith. Vários volumes de poesia começaram a aparecer já em 1957, e um volume particularmente espesso chamado *Collected Poetry*[95] foi publicado recentemente pela REH Foundation Press.

6. Colecionando Howard

Colecionar Howard é um *hobby* bastante divertido, embora relativamente oneroso.

A imensa maioria das histórias de Howard foi publicada em revistas *pulps*. Impressos no papel — ácido — mais barato, essas revistas envelhecem mal se não forem armazenadas em condições adequadas. Ao contrário da crença popular, as edições mais procuradas não são as mais difíceis de encontrar nem as mais caras. A *Weird Tales* era de fato uma publicação de nicho, mas muitos de seus leitores eram fãs, os *geeks* dos anos 1930, que eram muito particulares quanto à condição e cuidavam especialmente de sua coleção. Com poucas exceções, a maioria das edições da *Weird Tales* de 1928 em diante são facilmente encontradas. As edições anteriores são mais escassas, mas o primeiro conto de Howard na *Weird Tales*, ou mesmo o primeiro Conan (dezembro de 1932) custará ao colecionador quinhentas a mil vezes menos do que a primeira aparição de Superman (junho de 1938). As *pulps* com Howard mais difíceis de localizar e adquirir são os títulos genéricos — *Action Stories*, *Fight Stories*, *Sport-Story Magazine*, etc. — e *pulps* que foram jogadas fora assim que foram lidas. Elas são tão raras que simplesmente não há tempo para pensar duas vezes: se você encontrar uma cópia, compra-a, seja qual for a condição, com a esperança de que se valorize ainda mais em um futuro (esperançosamente não muito) distante.

Fanzines da década de 1930 são relativamente fáceis de encontrar (com

---

[98] *Poesia Coletada*

exceção dos obscuros *chapbooks*[99] de poesia). Aqui, novamente, existem exceções, c8mo a edição de março de 1934 do *The Fantasy Fan*, em alta demanda, porque apresenta a primeira aparição do conto "Deuses do Norte" também conhecido como "A Filha do Rei do Gelo",[100] um conto de Conan rejeitado, que se torna, nesta versão, Amra de Akbitana. Outras raridades incluem as edições de *The Phantagraph* que serializaram "A Era Hiboriana" e o livro homônimo de 1938, imprimindo o ensaio completo.

O primeiro livro que serviu como ponto de referência para Howard foi *Skull-Face and Others*,[101] publicado pela Arkham House em 1946, um compêndio de muitos de seus melhores contos. Impresso em uma edição de 3.004 cópias, o livro é fácil de ser encontrado e requer apenas um bolso grande (o custo por cópia geralmente está entre US $ 300 e US $ 1.000, dependendo da condição). Este seria seguido, em 1957, por *Always Comes Evening*[102] (na época, planejado para ser a poesia completa), em uma edição de 636 exemplares. A sobrecapa muitas vezes está borrada, o preto da capa tendo manchado o branco da capa traseira no momento da impressão. Prepare-se para pagar um valor significativo por uma cópia realmente boa. O primeiro volume de Conan foi lançado em 1950 pela Gnome Press, mas é bastante comum. Muito mais escassa é a sua reimpressão britânica (TV Boardman, 1954), que é muito raramente encontrada. Na verdade, os livros publicados no Reino Unido provam ser — e de longe — os mais escassos colecionáveis de Howard. Antes disso, Howard teve três histórias publicadas em três volumes separados da antologia britânica "*Not at Night*", incluindo a primeira publicação de um Conan ("Patifes em Casa") em capa dura (*Terror by Night*, 1934). Muito frágeis, os livros desta série raramente são encontrados, e são extremamente escassos em sobrecapas e / ou boas condições.

O mais escasso colecionável de todos, e o Santo Graal de qualquer colecionador sério, é a edição de 1937 de *A Gent from Bear Creek*, publicada por Herbert Jenkins, de Londres, em uma tiragem aparentemente muito baixa. O livro tornou-se lendário, pois apenas dezessete exemplares são conhecidos por terem sobrevividos, sete dos quais são mantidos institu-

---

[99] *Livros de impressão barata que lembram o formato "literatura de cordel" no Brasil.*
[100] *The Frost King's Daughter antes de ser chamada de "A Filha do Gigante do Gelo".*
[101] *Rosto de Caveira e Outras.*
[102] *A Noite Sempre Chega.*

cionalmente. Oito das dez cópias privadas estão em condições (muito) ruins para a forma média. Um está em excelente forma, mas não tem a sobrecapa, e o último, anteriormente parte da coleção de Glenn Lord, e também em excelente condição, é a única cópia conhecida no mundo com a sobrecapa. Você disse rara?

7. Howard e sua "velha e confiável máquina de escrever"

Todos "sabem" que Howard datilografou suas histórias em uma *Underwood nº 5*. Assim como todo mundo "sabe" que Howard havia datilografado um poema antes de cometer suicídio. Mas será que ele realmente o fez?

O que sabemos com certeza é que Howard tinha duas máquinas de escrever. Ele adquiriu a primeira em 1922 e a manteve até o início de julho de 1925. A segunda durou até a sua morte. Todas as histórias de Conan, Solomon Kane e Kull foram datilografadas na segunda máquina. Embora saibamos exatamente quando Howard comprou a nova máquina de escrever, e as diferenças entre as duas máquinas são visíveis, ele nunca menciona em lugar algum que comprou uma *Underwood*, muito menos uma número 5, nem seu pai, nem nenhum relato contemporâneo. A fonte mais antiga que temos para esse assunto, vem de uma observação feita em 1 de abril de 1965, por Jack Scott — então editor do *Cross Plains Review*, o semanário da pequena cidade: "Howard tinha uma velha máquina de escrever *Underwood #5*. Seu último ato antes de seu suicídio foi datilografar uma citação de seu poema com a frase: "A festa acabou e as lâmpadas expiram". Dado o que sabemos agora sobre a nota de suicídio, pode ser que Howard nunca tenha possuído uma *Underwood nº 5* em primeiro lugar.

De acordo com Glenn Lord, a máquina surrada de Howard havia sido jogada fora, por seu pai, algumas semanas após a morte do filho. Supondo por um instante que Howard possuía um *Underwood nº 5* afinal, seria tentador imaginar que, de algum modo, ela tivesse escapado à destruição. Então, como você poderia reconhecer a Underwood de Howard entre as 3.885.000 que foram fabricadas? Embora seja impossível dar uma resposta definitiva, sabemos que Howard comprou sua máquina em 1925. E como todas as máquinas tinham números de série, a de Howard estava necessariamente abaixo de 200.000 (já que a máquina de número 207000 foi fabricada em dezembro de 1925). Ainda é um número impressionante, mas caiu drasticamente de quase quatro milhões. A própria máquina de escrever de Howard seria um colecionável de valor inestimável, mas uma *Underwood* genérica dos anos 20 vale cerca de US $ 20 a US $ 50 no mercado secundário. Talvez menos se estiver em média ou má condição. Gaste seu dinheiro com sabedoria, se você encontrar ou for oferecido uma a partir de 1928 ou 1932...

"Eu sou rei Turlogh de Bal-Sagoth e meu reino está desaparecendo no céu da manhã. E lá é como todos os outros impérios no mundo - sonhos, fantasmas e fumaça."

— ***Turlogh O'Brien***

Capítulo Oito
As Adaptações

1. Howard na tela grande

Até hoje, nenhuma história escrita por Howard foi transformada em filme.

2. Howard (quase) na tela grande

Ao longo dos anos, tem surgido um grande número de projetos cinematográficos girando em torno dos trabalhos de Robert E. Howard, todos abandonados em vários graus de conclusão. Vamos simplesmente mencionar os mais significativos, sem qualquer tentativa de cronologia. O mais antigo conhecido remonta a 1968, quando o proprietário da Lancer Books (que era então o editor das histórias de Conan) foi contatado por um produtor que estava considerando adaptar os contos de Conan para a televisão. Logo ficou claro que este seria um projeto cinematográfico, afinal. Parece que as coisas nunca foram além desse estágio, por razões desconhecidas.

Dark Agnes (Christophe Gans)

Mencionado pelo próprio Gans em 2014. Um roteiro foi finalizado, escrito por Gans (e um parceiro). O diretor de *Irmandade dos Lobos* sempre tem três ou quatro projetos no ar, e este foi uma possibilidade definida neste estágio. Dark Agnes não adaptaria literalmente nenhuma das histórias, mas a abertura do filme seria extremamente fiel ao primeiro capítulo de Howard, contando como

Agnes se tornou Dark Agnes: em um pouco improvável início do século XVI na França, uma jovem camponesa esfaqueia o homem que seu pai estava tentando forçá-la a casar e ela foge pela floresta para viver uma vida sombria de aventura e traição. Gans sempre foi fã de Howard e especialmente de Agnes. Este é, simplesmente, um dos poucos projetos em que um personagem de Howard poderia ganhar vida na tela grande, em vez das paródias que estamos acostumados ou que já se espera.

Pregos Vermelhos (2006)

Anunciado em pompa e fanfarra, esse filme de animação dirigido por Victor Dal Chele deveria adaptar fielmente a última história de Conan. Muitos atores de alto nível foram anexados ao projeto para dar suas vozes, notavelmente Ron Perlman (Conan), Cree Summer (Valéria) e Mark Hamill (Tolkemec). Mike Kaluta e Mark Schultz, artistas extraordinários e fãs de Howard, estavam envolvidos na direção de arte. No entanto, o site oficial secou rapidamente e o projeto foi enterrado sem qualquer explicação.

Rainha da Costa Negra (Robert Rodriguez, por volta de 2003)

Saiba, ó Príncipe, que quando os irmãos Wachowski estiveram brevemente no comando da licença de Conan, perguntaram a Robert Rodriguez se ele estava interessado em dirigir um filme de Conan. Rodriguez, um texano, é outro fã de longa data de Howard, e queria adaptar a "Rainha da Costa Negra". Há rumores de que existe um roteiro. Aqui, novamente, as coisas não foram muito longe.

Colosso Negro (por volta de 2012)

Um dos projetos desenvolvidos como uma possível sequência do filme de Conan de 2011, estrelado por Jason Momoa. A ideia era adaptar fielmente a história de Howard, acrescentando apenas no início do filme uma batalha naval. Não houve batalha naval após o naufrágio que foi o filme de Nispel, o que foi suficiente para afundar todas as possíveis sequências, fiéis ou não a Howard.

Sombras de Ferro na Lua (Tailândia, 2015)

Uma adaptação supostamente ultra-fiel da história de Conan, este filme de baixo orçamento foi concluído, entrou na pós-produção, mas nunca foi lançado. As poucas imagens que chegaram à Internet não incentivaram os fãs, e a reputação e as práticas de má qualidade do produtor mataram o filme antes que ele pudesse ser lançado.

3. Robert E. Howard literalmente na tela grande

The Whole Wide World (1996)[103]

Este filme não adapta uma história de Howard, mas o livro *One Who Walked Alone*,[104] que registra as memórias de Novalyne Price Ellis dos dois anos em que ela e Howard namoraram. O filme foi realizado não muito longe de Cross Plains, Texas (onde Howard morou), com sua excelente fotografia e performances originais por seus dois protagonistas: Vincent d'Onofrio (que é Howard, no filme) e a ascendente Renée Zellweger, que estava perfeita como Novalyne Price. O filme não teve bom desempenho, infelizmente. Um filme que definitivamente vale a pena assistir, mesmo para quem não é um fã de Howard.

4. Howard na telinha

"Pombos do Inferno" (1961)

A história de horror escrita por Howard, "Pombos do Inferno", foi adaptada para Thriller, uma série de antologia organizada por Boris Karloff. O episódio dura 30 minutos e foi ao ar pela primeira vez em 6 de junho de 1961. Foi dirigido por John Newland

---

[103] *Chamado no Brasil de "Um Amor do Tamanho do Mundo".*

[104] *"Aquele Que Caminhou Só".*

Cena do episódio "Pombos do Inferno" da série Thriller de 1961.

e estrelado por Brandon de Wilde e Crahan Denton. Esta foi a primeira — e, até agora, a última — adaptação para filme de uma história de Howard. Dado o tempo e o orçamento, ele se mantém extremamente bem e o resultado foi até bem-sucedido. Unanimemente saudado como um dos melhores episódios desta longa série, é bastante fiel à história de Howard (exceto pela conclusão).

O projeto que gostaríamos de ter visto:

"Tales from the Darkside".[105]

No início dos anos 80, Kirby McCauley, agente de Stephen King, estava envolvido em um projeto para uma nova série de televisão chamada "*Tales from the Darkside*", uma antologia de adaptações autônomas de histórias de terror de autores conhecidos. Karl Edward Wagner estava envolvido no projeto e mais tarde explicaria

---

[105] *Contos do Lado Negro.*

que nas obras havia pelo menos uma história de Stephen King e duas de Howard: adaptações de "*The Cairn on the Headland*"[106] e de "*The Horror from the Mound*"[107] Sam Peckinpah foi abordado para dirigir. Infelizmente, o projeto não foi longe, e apenas o roteiro finalizado de Wagner para "*The Horror from the Mound*" sobreviveu, datado de 10 de maio de 1984.

5. Filmes com Roteiros Originais apresentando Personagens criados por Howard

Conan, o Bárbaro (John Milius, 1982)

O filme que apresentou Conan a milhões de pessoas e que transformou Arnold Schwarzenegger em uma estrela de cinema. Uma das mais originais e famosas películas de todos os tempos, e com razão. Seja o que for que se pense sobre este filme, é impossível negar seu impacto no campo da fantasia e na cultura popular. Milius, um diretor talentoso, cuja carreira inclui algumas obras-primas absolutas, assina aqui o filme de fantasia contra o qual qualquer outro projeto similar foi comparado até o lançamento da trilogia de Jackson, o Senhor dos Anéis, no início dos anos 2000, nada menos que isso.

O filme não adapta nenhuma história de Howard, mas toma emprestado várias cenas e situações: o nome Valéria (de "Pregos Vermelhos"), ela voltando dos mortos para salvar Conan (é Bêlit em "Rainha da Costa Negra"). A escalada da torre (de "A Torre do Elefante") e a cena da crucificação (de "Uma Bruxa Nascerá"). A história é puramente de Milius, embora, traindo suas inclinações políticas e filosóficas, diametralmente opostas às de Howard. Um filme excelente por si só, mas o Conan de Milius é tudo menos o Conan de Howard. Quem acredita que Conan poderia ficar giran-

[106] *O Marco sobre o Promontório. No inglês "cairn" significa um monte de pedras brutas construídas sobre um túmulo como um memorial ou marco, normalmente no topo de uma colina ou horizonte.*
[107] *O Horror Vindo do Monte.*

do uma roda por minutos, mesmo anos, nunca leu uma história de Howard.

Conan, o Destruidor (Richard Fleischer, 1984).

O segundo filme do que deveria ser uma trilogia, *Conan, o Destruidor*, tinha, pelo menos no papel, muita coisa interessante, principalmente porque Richard Fleischer, o homem que dirigiu *Os Vikings* (1959), estava no comando. Roy Thomas, que havia adaptado com sucesso muitos contos de Howard sobre Conan para a Marvel, estava envolvido, embora Gerry Conway, um dos piores escritores de histórias em quadrinhos da Marvel, também estivesse presente, o que definitivamente não era um bom presságio. O resultado é simplesmente horrível. Thomas visivelmente não estava inspirado e Conway era o mesmo de sempre. O filme é um longo e chato *kitsch* que envelheceu mal. Muito mesmo. O fracasso comercial daquele segundo filme assinou a sentença de morte do terceiro projetado por Karl Edward Wagner, que havia sido contratado para trabalhar no roteiro, tinha ideias audaciosas (como era de se esperar), mas é claro que nenhuma palavra que escreveu chegou às telas.

Solomon Kane (Michael Bassett, 2009)

Produzido por Michael Berrow da Wandering Star, o filme era um projeto que já tinha muitos anos. Poucos dias antes dos direitos expirarem, Berrow decidiu que era hora de ir em frente e ressuscitar esse projeto, que estava essencialmente inativo desde 1999, quando vários potenciais diretores haviam sido abordados. Kane é interpretado por James Purefoy, em todo caso, um excelente ator, mas o personagem que ele interpreta tem exatamente apenas um único ponto em comum com o personagem criado por Howard: seu nome. Incapaz de parar de chafurdar em autopiedade, o personagem de Purefoy fica choramingando por duas longas horas, enquanto a chuva insiste em cair, especialmente sobre ele. Um *Balrog* perdido inesperadamente aparece no final para acordar os

Pôster do filme Conan, o Bárbaro (1982).

espectadores. O filme foi um fracasso na Europa e nem chegou aos cinemas nos Estados Unidos.

Conan (Marcus Nispel, 2011)

O que dizer sobre esse naufrágio que se mostrou uma boa promessa quando estava só no papel? Um produtor que declarou abertamente que queria voltar ao básico, um ator simplesmente perfeito para Conan (Jason Momoa era exatamente o personagem de pele escura e "tipo uma pantera" descrito por Howard). Escolhas interessantes para os personagens coadjuvantes (mais notoriamente Ron Perlman). Grandes ideias iniciais para a trilha sonora (Tuomas Kantelinen (Mongol) foi considerado). E, então, veio um roteiro que seria melhor descrito como "terrível", mesmo depois que o *médico-do-roteiro* tenha feito sua "mágica". Um diretor de terceira categoria que fez o seu melhor para imitar Milius, um roteiro crivado não pelo segredo do aço, mas por problemas e buracos, um filme que é esquecido no segundo em que você sai do cinema, sem deixar de mencionar a terrível decisão de transformar artificialmente a película em um filme 3D, garantindo deixar o espectador enjoado.

Kull, o Conquistador (John Nicolella, 1997)

Kevin Sorbo, Tia Carrere e Thomas Ian Griffith combinam todos os seus talentos para tentar não nos fazer rir. Sem sucesso. Aclamado como um fracasso antes mesmo de ser lançado, o filme foi esquecido tão rápido quanto foi feito. É uma peça a ser confortavelmente colocada junto a sua velha fita VHS de Hércules em Nova York e 2020 - Gladiadores do Texas.

Para ser o mais completo possível, devemos mencionar alguns projetos que nunca foram além dos estágios iniciais, misericordiosamente, no caso de Bran Mak Morn (início dos anos 2000, Wandering Star), no roteiro inicial, um produtor astuto havia decidido que Bran seria, na verdade, descendente de um oficial romano e uma mulher picta. Sim, algumas pessoas são pagas para ter essas ideias de jerico. O Abutres de Wahpeton, adaptando o melhor *western* de Howard, também foi considerado em algum momento, com cenário de Michael Tabb, bem como um projeto para trazer o personagem de Thulsa Doom (Kull) para a telona.

Outras coisas que são melhores se deixadas esquecidas...

Profissionalismo e exaustividade nos obrigam a mencionar a série de TV live-action, *Conan the Barbarian*, estrelada por Ralf Moeller, duas temporadas de um desenho animado, assim como Barbara the Barbarian, um filme pornô de 1987 com um talento infinitamente maior que o de Kevin Sorbo e melhor atuação do que na série de TV.

6. Adaptações para revistas em quadrinhos

"Crom the Barbarian" (1950, Avon)

Tecnicamente falando, isso não é uma adaptação das histórias de Conan, mas uma "homenagem" disfarçada (ou seja, sem pagar nenhum direito). A primeira história, *"Crom the Barbarian"*, apareceu em *Out of this World #1*, publicada em junho de 1950. A história foi escrita por Gardner F. Fox (que mais tarde escreveria seus próprios romances de fantasia heróicos inspirados por Howard), e desenhada por John Giunta. Crom é um bárbaro loiro dos Æsir, perambulando pelo mundo em um período remoto da história. No primeiro conto, ele conhece a rainha Tanit de Ophir. Crom voltaria mais tarde em *Strange Worlds #1* (novembro de 1950) e #2 (abril de 1951).

Os Quadrinhos mexicanos do Conan "La Reina de la Costa Negra".

La Reina de la Costa Negra (México, 1952-1966)

A história desta série publicada no México ainda está cheia de buracos, mas foi nela que Howard foi adaptado pela primeira vez em formato gráfico. A série começou com a edição 8 de uma revista intitulada *Cuentos de Abuelito*, adaptando a "Rainha da Costa Negra" de Howard com duas grandes mudanças: Conan se tornou um guerreiro loiro e Bêlit sobreviveu no final da história. Uma segunda série se seguiu em 1958-1959, durando pelo menos onze edições, talvez dezesseis, ninguém sabe no momento, tão elusivas são as cópias daquela segunda série. Uma terceira e última edição, com pelo menos 53 edições, foi publicada em 1965-1966, cujos primeiros números foram reedições da série de 1958-1959. A série cessou a publicação quando L. Sprague de Camp enviou uma carta ao editor. Embora algumas edições tenham surgido nos últimos anos, todas as três séries oscilam de raras a extremamente raras. Apenas um punhado de cópias da maioria das edições é conhecido, do resto não há sinal.

The Valley of the Worm (Inédita, e talvez nunca desenhada, 1959, Gil Kane)

Em 1959, Gil Kane, o lendário artista de Lanterna Verde e Átomo da DC Comics (ainda chamada National), um futuro pioneiro do formato de romance gráfico nos EUA, e um verdadeiro aficionado por Howard, contatou Oscar J. Amigo que estava encarregado do material de Howard e comprou os direitos da história "O Vale do Verme", estrelada por James Allison. Ela nunca viria a ser publicada, mas Roy Thomas e o próprio Gil Kane acabaram adaptando o conto para a Marvel Comics, onde foi publicado em Supernatural Thrillers #3... em 1973, vinte e quatro anos depois.

Star-Studded Comics #14 (1968, Texas Trio)

"Deuses do Norte" foi a primeira adaptação oficial de um conto do Howard, ou "A Filha do Rei do Gelo". O conto, estrelado por Amra de Akbitana, era uma ligeira reescrita do conto de Conan "A Filha do Gigante do Gelo", que fora rejeitada pela Weird Tales. Larry Herndon escreveu o roteiro, Steven Kelez e ("uma série de outros") desenhou, Alan Hutchinson fez a arte-final. A *Texas Trio* tinha vários seguidores fiéis, formando uma associação espontaneamente unida, entre os quais estavam Glenn Lord, agente dos herdeiros de Howard, e um jovem que tinha o hábito de enviar cartas para sua favorita Marvel Comics: George RR Martin.

Conan the Barbarian (1970, Marvel Comics, 275 edições + anuais e especiais)

Roy Thomas, ex-professor do ensino médio que havia deixado sua posição para trabalhar para a Marvel, em meados dos anos 60, e que logo se tornara o assistente mais próximo de Stan Lee, queria que a Marvel expandisse seus horizontes. Jack Kirby havia deixado a empresa para se juntar a competição, e a chamada "Era de Prata" dos quadrinhos estava chegando ao fim. Thomas estava procuran-

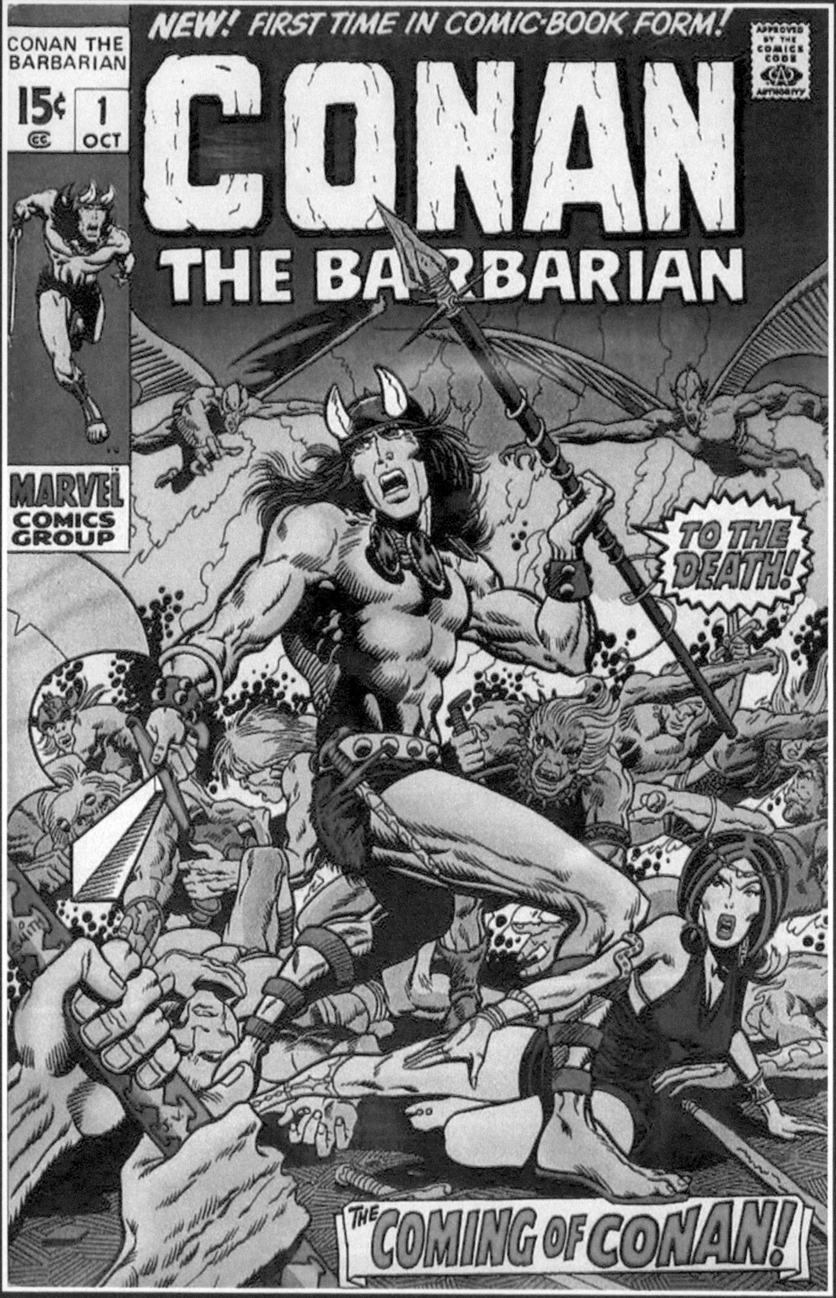

Conan the Barbarian #1 (Marvel Comics, 1970)

do por heróis menos tradicionais, enfim, ele conseguiu convencer Martin Goodman, o editor, a testar novas águas. Uma pesquisa entre os leitores revelou que Conan era o personagem que eles queriam ver adaptado....

Thomas achava que o fenômeno editorial estava fora de seu alcance monetário, especialmente porque Goodman lhe dera uma quantia exata a ser gasta. Em desespero, Thomas se aproximou de Lin Carter, autor dos livros abissais de Thongor, romances de fantasia heroica influenciados por Howard e Edgar Rice Burroughs. Mas com o agente de Carter ficado muito ganancioso, Thomas decidiu dar uma chance a Conan, e ele entrou em contato direto com Glenn Lord. Envergonhado pelos US $ 150 por edição que poderia oferecer, Thomas disse a Lord que pagariam US $ 200, refletindo que, no pior dos casos, ele mesmo escreveria a série e devolveria sua parte a Goodman. Goodman concordou em pagar US $ 200, mas pediu um artista barato para compensar a despesa. A primeira escolha de Thomas, John Buscema, que tinha se tornado o superastro da Marvel após a saída de Jack Kirby, era muito cara. Buscema estava ansioso para desenhar Conan, uma vez que ele nunca gostou de desenhar super-heróis, mas Thomas teve que optar por um britânico barato, recém chegado da Inglaterra, e que até desenhou suas primeiras páginas em um banco de Manhattan: Barry Smith.

Depois de uma história de teste, a primeira edição de *Conan the Barbarian* apareceu nas bancas em outubro de 1970. As vendas foram boas, mas começaram a cair logo depois, e foi decidido descontinuar a revista depois de alguns problemas. Thomas lutou pela revista, obteve um indulto e, quase imediatamente, as vendas começaram a subir. Em questão de meses, Conan se tornou um dos títulos mais bem sucedidos da Marvel, comercialmente e criticamente falando, conquistando um número impressionante de prêmios. Barry Smith, que havia começado sua carreira como Jack Kirby, de um homem pobre, transformou-se em um artista talentoso por seus próprios méritos e considerou cada edição como um novo desafio.

Em 1971, a Marvel lançou uma revista intitulada *Savage Tales*.

Não sendo afetada pelo Comics Code Authority (que não se importava com revistas no formato "magazine"), Thomas e Smith podiam dar rédea solta à sua imaginação, adaptando primeiro "A Filha do Gigante do Gelo" e depois "Pregos Vermelhos", ainda inigualáveis em sua mestria e excelência 35 anos depois. Smith ficaria desencantado com a indústria de quadrinhos e a deixaria depois de três anos excepcionais. Sua última edição na revista, ""A Canção de Red Sonja" (#24), foi sua última performance na série em cores. A Sonja de Smith tem pontos comuns definidos com a Sonya de Howard, como retratado no conto de ficção histórica "A Sombra do Abutre". Ela voltaria logo depois, desta vez ostentando o "traje" em que ela se tornaria famosa (projetado pelo artista Esteban Maroto): um biquíni de cota de malha improvável. Os concursos Red Sonja tornaram-se um marco nas convenções de quadrinhos da década de 1970, e a personagem logo estrelou sua própria série de histórias em quadrinhos."

Gil Kane teve que desenhar duas edições "tapa-buraco" durante a era Smith, mas os primeiros dias de Conan estavam agora no passado, e o título se tornou tão bem sucedido que contratar John Buscema, para assumir o controle, não era mais um problema. É duvidoso que ele tenha imaginado que desenharia milhares de páginas ao longo dos anos e que Conan seria o personagem com o qual ele seria mais associado. Ele o desenhava mensalmente em *Conan the Barbarian*, e em *The Savage Sword of Conan*, uma revista que a Marvel lançou em 1974. Buscema se tornou, para muitos, o artista quintessencial de Conan nos quadrinhos. A qualidade de seu trabalho dependia muito das habilidades do arte-finalista com quem ele trabalhava, e sua associação com artistas como Alfredo Alcala ou Tom Palmer produziu resultados maravilhosos.

Thomas deixou a série depois de dez anos. Era óbvio, lendo os últimos números, que ele estava perdendo o interesse, e compreensivelmente. O título permaneceu por mais dez anos, melhor se tivesse sido esquecido, antes de ser eliminado. O licenciamento não foi renovado e os direitos passaram para a Dark Horse, onde foi relançado em uma série de *reboots* de sucesso, adotando tons e estilos mais modernos. A Dark Horse também embarcou em uma série ambiciosa de reimpressões das edições da Marvel, embora marcada por cores berrantes que arruinam a experiência. Uma das melhores séries da Marvel do início dos anos setenta, *Conan the Barbarian*, é uma das raras séries de histórias em quadrinhos que ainda não foi reimpressa em um formato satisfatório.

7. Jogando Conan

Aqui novamente, impossível ser exaustivo. Vamos nos concentrar nos jogos mais recentes, onde a palavra-chave é "fidelidade ao material de origem".

Conan (jogo de tabuleiro de mesa, Monolith, 2016).

Lançada no início de 2015, a campanha de financiamento colaborativo que financiou o jogo quebrou todos os recordes anteriores. Conan tornou-se o melhor jogo de tabuleiro da história do *Kickstarter*. Levou muitos anos para o jogo decolar, mas seu idealizador, Fred Henry, queria que fosse o melhor jogo possível. Consequentemente, ele contratou especialistas e grandes jogadores em seus respectivos campos. Isso incluiu um especialista em Howard para garantir que o jogo fosse fiel à sua fonte, com as limitações inerentes a um jogo de tabuleiro. Com 16.000 unidades pré-vendidas no *Kickstarter*, mais 30.000 em produção para venda a varejo, o jogo Conan — lançado em outubro de 2016 — foi um grande sucesso. A imersão é um aspecto-chave nos jogos de mesa, e o novo jogo já está enviando um número recorde de pessoas para suas livrarias para que possam se familiarizar com as histórias originais.

Conan de Robert E. Howard: Aventuras em uma Era Inimaginável (RPG, Modiphius Games, 2017)

O role-playing game do Conan. Embora o projeto estivesse em andamento bem antes da campanha de financiamento colaborativo da Monolith, foi o sucesso da política "de volta ao básico howardiano" da Monolith que convenceu a Modiphius de que seu RPG também deveria ser centrado em Howard e contratar estudiosos de Howard para garantir a propósta. Este foi um segundo sucesso de financiamento colaborativo para Conan. A Monolith mostrou claramente o caminho e os desenvolvedores de jogos estão percebendo.

Tony Bath deve ser mencionado em algum momento. Britânico e fã de jogos de guerra na Antiguidade e na Idade Média, Bath concebeu e desenvolveu uma série de regras para um jogo de guerra na Era Hiboriana já em 1956. *The Tony Bath Hyborian Campaign* acabou sendo publicada em 1962.

Age of Conan: Hyborian Adventures (video game, 2008, mais tarde: Age of Conan: Unchained)

O Conan MMORPG (*Massively Multiplayer Online Role Playing Game*). Os visuais do jogo são impressionantes e bastante semelhantes aos hiborianos. Você pode jogar com quem quiser... exceto Conan....

Capítulo Nove
O bom, o Mau e o Feio

1. Howard e Tolkien: algumas datas.

Howard continua muito, muito longe, atrás de Tolkien em termos de reconhecimento e sucesso, mesmo que o texano tenha ganhado terreno desde que suas obras começaram a ser publicadas em edições respeitosas. As principais obras dos dois pilares da fantasia moderna compartilham vários pontos, em termos de sua história editorial: a primeira edição de capa dura saiu na década de 50 (1950 para *Conan the Conqueror*, 1952 para *O Senhor dos Anéis*) e a primeira edição em brochura em meados da década de 1960, com vendas supostamente superiores a um milhão de cópias para ambos os autores.

Tolkien se opunha a uma edição barata — brochura — de sua *magnum opus*. Donald Wollheim, na Ace Books, descobriu o que ele pensava ser uma brecha legal nos direitos de Tolkien para uma edição americana, e publicou O Senhor dos Anéis sem a permissão de Tolkien em 1965, que se tornou uma sensação da noite para o dia. Tolkien não teve outra escolha a não ser contra-atacar, e assim organizou uma edição oficial e autorizada com a Ballantine Books.

Três anos antes, em 1962, o mesmo Don Wollheim começou a reimprimir as obras de Edgar Rice Burroughs em edições populares. As vendas foram boas, impulsionadas notavelmente pelas maravilhosas capas de Roy Krenkel, inicialmente ajudado, depois substituído, por seu protegido: Frank Frazetta. Wollheim, que reimprimiu o romance de fantasia heroica de Howard, Almuric, em 1964, não poderia publicar Conan uma vez que L. Sprague de Camp já estava trabalhando para publicar os contos do cimério. O acordo para a publicação das histórias de Conan (editado por de Camp) foi assinado em setembro de 1964 (um ano antes da edição de Tolkien pela Ace Books). Assim que o contrato foi assinado, Martin Greenberg, dono da Gnome Press (que publicou as histórias de Conan em capa dura na década de 1950) afirmou que ainda detinha os direitos sobre as histórias, assim atrasando a publicação até que o assunto fosse resolvido, ao que foi preciso um ano. O primeiro livro de Conan — *Conan the Adventurer*,[108] ostentando uma impressionante capa de Frank Frazetta — apareceu em 1966, um ano depois de Tolkien, mas não por causa dele.

2. Howard e Frazetta.

Se alguma vez escritor e artista estivessem ligados à mente do público, era de fato a dupla Robert E. Howard e Frank Frazetta. A Lancer Books, que acabava de obter os direitos de Conan, aproximou-se do artista responsável pelas esplêndidas capas que ilustravam as reimpressões de Burroughs na Ace Books. A oferta deles era simples: enquanto na Ace, Frazetta recebia US $ 200 por capa e eles ficavam com a arte, a Lancer propôs a ele US $ 400 e ele poderia ficar com a obra. Frazetta sempre manteve os seus originais, e foi apenas a sua difícil situação financeira em 1962 que, anteriormente, o levou a aceitar deixar o editor manter sua arte (que foi, então, obviamente vendida sem que ele soubesse). Ele leu as histórias de Conan — mesmo que anos posteriores ele dissesse que não — e começou a pintar. Seu Conan era, simplesmente, uma expressão pura de selvageria implacável. Tudo o que aparecera antes parecia subitamente sedado. O Conan de Frazetta respira ameaça, poder, é vibrante com a vida, desordenadamente musculoso, cheio de cicatrizes e definitivamente não é alguém que você quer encontrar em seu caminho. Mais tarde, Frazetta mencionaria Charles Bronson e Jack Palance, duas das mais notórias faces de filmes B de Hollywood. Sua representação de um Conan de cabelos compridos, entretanto, não era do agrado do editor L. Sprague de Camp.

Conan the Adventurer, foi publicado em 1966. Frazetta explicaria mais tarde que o momento era simplesmente perfeito, pois a liberdade total

---

[108] *Conan, o Aventureiro.*

As edições do Conan da Lancer com capas de Frank Frazetta.

que ele recebia e o assunto eram exatamente o que ele precisava naquele momento específico de sua vida. Foi também muito no espírito dos tempos. Em questão de meses, Conan se tornou um ícone, Frazetta uma estrela e o artista de capa mais famoso da América. Seu reinado indiscutível sobre os artistas de capa americanos duraria duas décadas, deixando muito para trás uma série de imitadores e aspirantes mais ou menos capazes. Nos quinze anos que se seguiram, tudo que Howard escrevera viria a ser publicado, e até impresso em brochura. Compradores cativados pela pura força hipnótica de Frazetta também descobriram que, pelo menos dessa vez, o que as capas prometiam, era de fato encontrado dentro do livro.

Em 2000, a editora britânica Wandering Star decidiu repetir o feito, mais uma vez, com um volume intitulado *The Ultimate Triumph*: um compêndio dos melhores contos de Howard sobre o tema barbarismo, como ilustrado por Frank Frazetta. O artista ainda lutava contra os problemas da tiróide que vinham atormentando-o durante anos e não conseguiu fornecer novas ilustrações. Foi, portanto, um colecionador e especialista em Frazetta que mergulhou nos arquivos do mestre para selecionar bem mais de cem ilustrações, na maioria inéditas, para serem incluídas no luxuoso livro.

Enquanto a maioria das pinturas de Conan ainda estão com a família Frazetta, duas foram vendidas nos últimos anos, uma em 2009 por um milhão de dólares para o guitarrista do Metallica, Kirk Hammett, a outra, no ano seguinte, por US $ 1,5 milhão, para um comprador anônimo. Por mais ultrajantes que esses preços possam parecer, parece que os dois compradores fizeram um investimento sábio: uma pintura que não era de Conan, definitivamente não comparável às icônicas imagens de Conan, foi recentemente vendida por mais de um milhão de dólares.

3. Afinal, L. Sprague de Camp salvou Conan (e Howard) do esquecimento?

L. Sprague de Camp teve seus olhos fixos em Conan assim que ele descobriu Howard em 1951. Cheirando o potencial da série, ele substituiu seu amigo John D. Clark nos deveres editoriais dos volumes da Gnome Press, que reimprimiu as histórias originalmente publicadas na *Weird Tales*. Em seguida, ele *vermificou*[109] seu caminho ao processo de escrita quando três histórias não publicadas de Conan foram descobertas nos arquivos de Oscar Friend, que sucedera Otis A. Kline à frente da agência literária. Mesmo que as três histórias que de Camp descobrira estivessem completas e em sua forma final, ele embarcou em reescrevê-las, essencialmente, parafraseando-as. Em seguida, pegou alguns outros contos não publicados de Howard e os transformou em contos de Conan adicionando um elemento de fantasia.

Não demorou muito para que suas ações fossem notadas, e ele teve que remoer um pouco — por vários anos. Em 1964, quando a poeira baixou, ou pelo menos foi o que ele pensou, de Camp reembalou as histórias de Conan, reescreveu partes de algumas, completando alguns contos inacabados de Howard, e adicionou um grande número de histórias de Conan que ele próprio havia escrito para preencher as chamadas "lacunas" que

---

[109] *No texto original em inglês o autor usou a palavra "wormed", optamos por manter uma fidelidade na tradução.*

Howard deixara no que de Camp chamava de "saga". Ele então tentou vender a série. Por sua própria conta, todos os editores que ele abordou rejeitaram a série até que ele encontrou uma casa na Lancer Books, uma empresa bem pequena cujas atividades de publicação há muito eram ditas serem uma fachada para operações de lavagem de dinheiro.

Não há razão para duvidar de de Camp quando ele afirma que a série foi rejeitada por tantos editores, mas a verdadeira questão é: por que eles rejeitariam essa oportunidade, quando tudo indicava que a fantasia estava vendendo cada vez mais? A resposta provavelmente não tinha nada a ver com o potencial da série, mas com o fato de que os editores em questão também eram obrigados a comprar as histórias de de Camp no pacote. Imaginar por um segundo que Don Wollheim teria recusado a oportunidade de publicar Conan é ridículo: ele havia se correspondido com Howard, publicado Howard em fanzines nos anos 30, tinha sido o primeiro a ressuscitá-lo em revistas nos anos 40, o primeiro a publicar uma brochura de Conan (1953) e acabava de publicar Almuric em brochura (1964). Wollheim recusando Conan? A verdade é que os contos de Conan levaram muito tempo para voltar às livrarias porque de Camp forçava qualquer editor em potencial a usar seus próprios contos também. Em outras palavras, de Camp provavelmente foi responsável pelo atraso que fez demorar tanto tempo para trazer Howard de volta às prateleiras. Howard era um escritor talentoso, que não precisava dos esforços de um defensor como de Camp. Imaginar que o gênio editorial deste último foi necessário antes de Howard ser reimpresso é ingenuidade. Já em 1962, o retorno de Howard às prateleiras era apenas uma questão de tempo, não de pessoa.

4. Com amigos como esses...

"Há um escritor bastante inteligente agora, que tem feito algum trabalho para nós, em reescrever várias histórias de Howard, ele continua pressionando por uma maior soma de dinheiro e continua escorregando em comentários colaterais no sentido de que, se ele quiser, ele pode ir em frente sozinho e escrever sobre Conan uma vez que o autor está morto, etc., etc. Eu o avisei que irei processá-lo até deixá-lo sem calças, se ele fizer um movimento bobo dessa natureza, antes do material de Conan expirar o copyright (56 anos, na época)."

— Oscar J. Friend aos detentores dos direitos de Howard, 14 de março de 1954. Naquela época, apenas uma pessoa havia reescrito histórias de Howard: L. Sprague de Camp.

"Howard era desajustado ao ponto de psicose"

— L. Sprague de Camp, introdução a Conan, Lancer Books, 1967.

"Acho que as peculiaridades psicológicas pessoais de REH contribuíram muito para a intensidade emocional de suas histórias — suas ilusões paranoicas de perseguição. Isso, eu suspeito, é uma das razões pelas quais alguns leitores não gostam das histórias de Carter e minhas sobre Conan tanto quanto as de Howard: não somos loucos como ele era, portanto, achamos difícil intensificar sua intensidade emocional."

— L. Sprague de Camp, entrevista, REH: Lone Star Fictioneer #4, 1976.

"Minha opinião sincera sobre o Conan de Howard versus aquele de seus modernos pastiches (inclusive meu) é que, enquanto algumas das histórias mais recentes são mais suavemente feitas do que as de REH, com menos inconsistências e coincidências improváveis, nenhuma tem a intensidade hipnótica das originais de Howard. A razão é que nenhum de nós sofre com os medos, ódios e obsessões que atormentaram Howard. Obviamente, eu não vou para o meu bairro, ser analisado em um divã e dizer: "Ei, doutor, você vai me desequilibrar para que eu possa escrever tão intensamente quanto Robert Howard?"

— L. Sprague de Camp, carta para REHupa (Robert E. Howard United Press Association), 11 de abril de 1984.

"Se você me perguntasse qual, na minha experiência, foi o meu maior erro em reviver e popularizar Conan, devo dizer que, enquanto é claro que eu deveria fazer algumas coisas de forma diferente, o maior erro foi pegar Lin Carter como colaborador ao invés de tentar outras possibilidades primeiro. Eu escolhi Carter porque seu estilo natural diferia de

REH em uma direção enquanto a minha diferia exatamente no oposto; por isso, pensei que uma colaboração poderia produzir algo próximo do modelo... Carter tinha muitas virtudes e talentos substanciais, e era um companheiro muito simpático, mas tais falhas, como a presunção e a irresponsabilidade, em grande parte os anulavam. Ele nunca cresceu.

— L. Sprague de Camp, carta para REHupa, 26 de janeiro de 1992.

"Não, eu não sonharia em censurar o material de leitura dos REHupanos. É um caso, não de censura, mas de ganância simples, comercial e capitalista, no presente clima político considerado uma das virtudes mais altas. Isso me levou a fazer algumas pequenas alterações no texto sagrado de REH, para que eu pudesse vender o resultado e obter o máximo lucro a partir dele."

— L. Sprague de Camp, carta para REHupa, 28 de junho de 1995.

5. "Algumas pequenas mudanças..."

Para se vender como co-autor dos contos de Conan (um "colaborador póstumo", como ele era), de Camp teve que mostrar que seu envolvimento era necessário. Como era difícil trazer mudanças para as histórias publicadas na Weird Tales, de Camp teve que trabalhar nas histórias que encontrou na agência de Friend: "A Filha do Gigante do Gelo", "O Deus na Urna" e "O Estranho Negro". Caso isso não esteja claro, essas três histórias de Howard estavam em sua forma final e completas. Mas um antes e depois deve falar por si (cortesia de Rusty Burke):

O texto datilografado de Howard:

Heimdul rugiu e saltou, e sua espada piscou em arco mortal. Conan cambaleou e sua visão se encheu de faíscas vermelhas enquanto a lâmina cantante bateu em seu elmo, tremendo em pedaços de fogo azul. Mas quando ele cambaleou, empurrou com todo o poder de seus ombros largos por trás da lâmina que zumbia. A ponta afiada rasgou através de escamas de bronze, ossos e coração, e o guerreiro ruivo morreu aos pés de Conan.

Sprague de Camp versão nº. 1:
The Coming of Conan, Gnome Press, 1953:
"Heimdul rugiu e saltou, sua espada piscando em um arco mortal. No mesmo instante, Conan avançou em uma longa investida com todo o poder de seus ombros largos atrás da lâmina. A lâmina cantante do *Vanaheimer* bateu no elmo de Conan, fazendo-o cambalear e enchendo sua visão com fagulhas vermelhas, mas no mesmo instante sua própria ponta afiada rasgou através de escamas de bronze, ossos e coração, e o guerreiro ruivo morreu aos pés de Conan, os fragmentos de sua espada, estremeceram em pedaços de fogo azul, caindo na neve ao seu redor.

Sprague de Camp versão nº. 2:
Conan of Cimmeria, Lancer Books, 1969:
"Heimdul rugiu e saltou, sua espada piscando em um arco mortal. Quando a lâmina cantante bateu em seu elmo, tremendo em pedaços de fogo azul, Conan cambaleou e sua visão se encheu de faíscas vermelhas. Mas, quando ele cambaleou, empurrou com todo o poder de seus ombros largos por trás da lâmina. A ponta afiada rasgou através de escamas de bronze, ossos e coração, e o guerreiro ruivo morreu aos pés de Conan.

O texto datilografado de Howard:
"Sua risada enlouquecedora flutuou de volta a ele, e espuma voou dos lábios do bárbaro. Mais e mais para as desolações, ela o levou. A terra mudou; as planícies largas deram lugar a colinas baixas, subindo em intervalos quebrados. Distante ao norte, ele vislumbrou montanhas imponentes, azuis à distância, ou brancas, com as neves eternas. Acima dessas montanhas brilhavam os raios flamejantes da aurora boreal. Eles se espalharam pelos leques no céu, lâminas geladas de luz fria flamejante, mudando de cor, crescendo e brilhando."

Sprague de Camp versão nº. 1:
The Coming of Conan, Gnome Press, 1953:
"Espuma voou dos lábios do bárbaro enquanto sua risada enlouquece-

dora flutuava de volta para ele. À medida que as horas passavam e o sol escorria pela longa inclinação, até o horizonte, a larga planície dava lugar a colinas baixas que se elevavam em intervalos quebrados. Enquanto arquejava pelas cristas das ondas, ele avistou montanhas imponentes mais ao norte, suas neves eternas azuis à distância e rosa nos raios vermelho-sangue do sol poente. No céu sombrio acima deles brilhavam os raios flamejantes da aurora, espalhado como leques pelos céus, lâminas geladas de luz fria flamejante, crescendo e iluminando e mudando de cor, mais brilhantes do que Conan já vira."

Sprague de Camp versão nº. 2:
Conan of Cimmeria, Lancer Books, 1969:
"Espuma voou dos lábios do bárbaro enquanto sua risada enlouquecedora flutuava de volta para ele. Mais e mais para as desolações ela o levou. À medida que as horas passavam e o sol escorria pela longa inclinação até o horizonte, a terra mudou; as vastas planícies deram lugar a montes baixos que marchavam para cima em intervalos quebrados. Distante ao norte, ele vislumbrou montanhas imponentes, suas neves eternas azuis a distância e rosa nos raios vermelho-sangue do sol poente. Nos céus escuros acima deles brilhavam os raios da aurora. Eles se espalharam pelo céu - lâminas geladas de luz fria e flamejante, mudando de cor, crescendo e brilhando."

6. Glenn Lord

Glenn Lord (1931-2011) foi o defensor indiscutível de Howard, mantendo a chama acesa em um momento em que ninguém se importava. Lord descobriu Howard quando comprou *Skull-Face and Others* (Arkham House, 1946), e rapidamente desenvolveu um interesse pela vida e obra do escritor texano. Nascido em Louisiana, mas morando nos subúrbios de Houston, Lord não estava tão longe de Cross Plains.

Um amante da poesia, ele formou a ideia de publicar um volume que contivesse a totalidade da produção poética de Howard. O projeto cresceu em tamanho e ambição, pois ele estava constantemente em contato com mais pessoas e descobrindo novos materiais. *Always Comes Evening*, com o título de um dos melhores poemas de Howard, foi lançado em

1957 através de uma parceria com a Arkham House em uma edição de 636 cópias. O pequeno volume continha 56 poemas, supostamente contendo toda a produção poética de Howard.

Enquanto Lord estava aprendendo mais e mais sobre Howard, ele logo ouviu falar do lendário "baú", isto é, as quatro caixas cheias de páginas datilografadas que o pai de Howard enviara a E. H. Price, na Califórnia, em 1944. Outro lote de datilografias tinha aterrissado na agência de Otis Kline e foi mais fácil de localizar, embora muitas histórias tenham desaparecido ao longo dos anos. Lord precisou de oito anos entre o momento em que ele finalmente localizou o "baú" na Califórnia e o dia em que ele recebeu as últimas páginas. Ele teve que oferecer dinheiro, no fim, para ajudar a suavizar o processo. No início dos anos setenta, Lord estava agora de posse de mais de quinze mil páginas de documentos e datilografias de Howard que se revelariam de inestimável valor para os fãs, os leitores e os acadêmicos.

Em 1965, de Camp recebeu uma oferta para se tornar o agente dos herdeiros de Howard, uma posição que ele recusou, recomendando Lord em seu lugar. Ele provavelmente achava que o homem seria fácil de manobrar, mas aprendeu da maneira mais difícil que estava errado. Lord aceitou a oferta e levou seu trabalho muito a sério. Em 1961, ele lançou *The Howard Collector*,[110] seu fanzine sobre Howard, e aprendeu algumas coisas sobre o mundo editorial no processo. Ele sabia como lidar com grandes empresas de brochura, editoras especializadas e fãs. Graças a seus incansáveis esforços, Howard logo estava presente em todos os lugares, desde fanzines até elegantes folhetos semiprofissionais, desde livros de capa dura com tiragens limitadas até brochuras em massa. Em meados dos anos setenta, praticamente todas as histórias que Howard havia escrito estavam disponíveis de uma forma ou de outra, apenas dez anos depois que Lord se tornara o agente dos detentores dos direitos.

Lord foi instrumental em ter as edições Berkley em texto puro das histórias de Conan publicadas na década de 1970, com Karl Edward Wagner no cargo de editor. Anos mais tarde, quando não era mais o agente, ele forneceu à equipe da Wandering Star todo o material necessário para os livros, e continuou a fazê-lo mesmo que houvesse problemas muito sérios

---

[110] "O Colecionador de Howard" foi um fanzine publicado entre 1961 e 1973, somando 18 edições.

entre ele e os detentores dos direitos. A coleção de Lord, provavelmente representando mais de 95% dos documentos e datilografias sobreviventes de Howard, está agora no Harry Ransom Center, em Austin, Texas.

Glenn Lord faleceu em 31 de dezembro de 2011.

"Eu recebi uma longa carta de Lovecraft. Esse garoto é muito inteligente. E bem lido também. Ele começa dizendo que a maioria dos meus argumentos parece bastante lógico e que ele está prestes a aceitar meus pontos de vista - e então segue com cerca de três ou quatro páginas escritas com as quais ele rasga praticamente todas as minhas teorias. Ele está fora da minha aula. Eu estou no jogo para ir ao limite com um homem do meu porte, mas lutar com ele seria como um lutador inexperiente subindo no ringue contra um campeão."

— ***Robert E. Howard***
Julho de 1930

Capítulo Dez
Caro Sr. Lovecraft...

Parágrafos selecionados das cartas enviadas por Howard a H. P. Lovecraft.

"Eu simplesmente acredito na igualdade fundamental dos homens; eu reconheço o fato de que certos homens sempre serão mais perspicazes, ou mais fortes, ou mais corajosos, ou mais inteligentes do que outros. Mas se alguém tem algum direito, todo mundo tem esses direitos."

(Por volta de setembro de 1933)

"A vida bárbara era o inferno; mas assim é a vida moderna."

(Por volta de setembro de 1933)

"Minha antipatia por Roma é uma daquelas coisas que eu não consigo explicar. Certamente não se baseia em nenhuma leitura antecipada, porque algumas delas consistiam em *Lays of Ancient Rome*, de MacCauley, de onde eu deveria ter retirado algum patriotismo romano, ao que parece. Em tenra idade eu memorizei a maioria desses versos, mas ao recitar, mudei-os para adequá-los a mim, substituí os nomes celtas por romanos, e mudei as configurações da Itália para as Ilhas Britânicas! Sempre, quando sonhava com Roma, ou subconscientemente pensava no império, ele sempre pareceu-me um símbolo da escravidão — uma aranha de ferro, espalhando teias de aço por todo o mundo para sufocar os rios com represas, derrubar as florestas, estrangular as planícies com estradas brancas

e levar as pessoas livres para casas e vilarejos semelhantes a gaiolas."
(Por volta de fevereiro de 1931)

"Não tenho uma visão idílica da barbárie — até onde sei, é uma condição sombria, sangrenta, feroz e sem amor. Não tenho paciência com a descrição do bárbaro de qualquer raça como um imponente e divino filho da Natureza, dotado de uma sabedoria estranha e falando em frases mensuráveis e sonoras."
(Por volta de novembro de 1932)

"No caso da opressão do povo por uma classe ou classes dominantes, é bem verdade que as revoluções da Rússia e da França mostraram que as tiranias finalmente caem; no entanto, cada derrubada foi precedida por muitos séculos de opressão, em que geração após geração gemeu sob o esmagamento de um calcanhar, antes que a mudança ocorresse. Sendo a mudança, aparentemente, uma das leis da Natureza, não podemos esperar que os despotismos durem indefinidamente mais do que repúblicas, democracias ou períodos de anarquia caótica. Não espero um estado permanente de escravidão, mas procuro um período de mais ou menos duração, no qual a liberdade individual e de classe será praticamente desconhecida — ah, não se chamará escravidão ou servidão. Eles terão outro nome para isso — comunismo, ou fascismo, nacionalismo ou algum outro — ismo; mas sob a superfície será a mesma velha tirania, modificada, sem dúvida, para se adequar às condições modernas. As vítimas provavelmente não perceberão que são escravas por um longo tempo, até que as condições se tornem totalmente infernais.
(Cerca de dezembro de 1932)

"Você me acusa de 'odiar o desenvolvimento humano' porque desconfio do fascismo. Bem, não pode haver muita tolerância sobre um sistema cujos defensores denunciam como "inimigos da humanidade" qualquer um que discorde deles... É claro que você pode desenhar imagens brilhantes de uma Utopia Fascista. Mas você não pode provar que o fascismo é tudo menos um despotismo sórdido e retrógrado, que esmaga a liberdade individual e estrangula a vida intelectual de todos os países que ele inflige com sua presença viscosa. O movimento fascista neste país não é novidade; é meramente apresentado sob um novo nome; é a mesma velha gangue que em tempos passados se chamava de conservadores, federalistas, negros republicanos ou *Hoover-Republicanos*[111] — a mesma gangue que agora está prejudicando a administração e gritando "comunismo" toda vez que Roosevelt tenta libertar o país um pouco de sua embreagem monopolista. Eu sei que é a moda agora zombar da Democracia; mas a democracia não é a culpada pelos problemas do mundo. Os homens mais culpados são os mesmos homens que agora "salvariam" o país sob o nome de nazistas, ou fascistas... É claro que o tipo de fascismo que você defende é sem despotismo e perseguição à liberdade intelectual; você pode também dizer que defende uma cobra sem seu veneno, um gambá sem seu fedor, ou um leproso sem suas crostas."

(Por volta de dezembro de 1934)

"Eu não sou capaz de me identificar com qualquer classe definida ou movimento político... Se isso acontecesse, suponho que seria natural para mim me envolver com as classes trabalhadoras, já que eu sou um membro dessa classe, mas estou longe de idealizar — ou idolatrar — ela ou seus membros. Em última análise, acho que tenho apenas uma convicção ou ideal, ou seja lá que diabos isso possa ser chamado: liberdade individual. É a única coisa que importa. Preferiria ser um selvagem nu, tremendo de desconforto, morrendo de fome, congelando, caçado por feras e inimigos, mas livre para ir e vir, com a extensão da terra para vaguear, do que ser o escravo mais gordo, mais rico e mais enfeitado em um palácio de ouro com as fundações de cristal, divãs de seda e dançarinas de *Haroun al Raschid.*[112] Como aquele negro sem nome, eu poderia dizer:

---

[111] Herbert Clark Hoover (10 de agosto de 1874 - 20 de outubro de 1964) foi um engenheiro americano, empresário e político que atuou como o 31º presidente dos Estados Unidos de 1929 a 1933 durante a Grande Depressão. Após essa perda, Hoover tornou-se firmemente conservador e defendeu as políticas do New Deal de Roosevelt.

[112] Harun al-Rashid ("Arão, o Ortodoxo" ou "Arão, o Bem-Guiado"), 17 de março de 763 ou de fevereiro de 766 a 24 de março de 809 (148-193 Hijri), foi o quinto califa abássida. Sua data de nascimento é debatida, com várias fontes dando datas de 763 a 766. Seu epíteto "al-Rashid" se traduz em "o ortodoxo", "o justo", "o reto" ou o "bem-guiado". Al-Rashid governou de 786 a 809, durante o auge da Era de Ouro Islâmica. Ele estabeleceu a lendária biblioteca Bayt al-Hikma ("Casa da Sabedoria") em Bagdá no atual Iraque, e durante seu governo Bagdá começou a florescer como um centro de conhecimento, cultura e comércio.

"Liberdade, liberdade,
Liberdade sobre mim! —
E antes de ser escravo
Preferiria deitar em meu túmulo
E subir para meu Deus e ser livre!"
(Por volta de dezembro de 1932)

Capítulo Onze
Lendo sobre Howard

1. Livros

One Who Walked Alone
(Novalyne Price Ellis, Donald M. Grant, 1986)

Se você puder ler apenas um livro para entender Bob Howard, o livro de Novalyne Price é o que precisa. Ela cresceu perto de Brownwood e tornou-se amiga de Tevis Clyde Smith, um dos melhores amigos de Howard, no ensino médio. Em 1933, a jovem, que tinha aspirações literárias, foi apresentada a Bob Howard. Um ano depois, Novalyne aceitou um cargo de professora na escola secundária de Cross Plains e renovou seu relacionamento com Howard. Logo em seguida, eles estavam namorando. Novalyne mantinha um diário (ela achava que a prática a ajudaria com a escrita) e o preservou. Cinquenta anos depois, irritada com a interpretação de Howard feita por de Camp, ela decidiu que era hora de publicar seu lado da história. O livro oferece uma janela fascinante, se não pessoal, sobre Bob Howard, o homem que literalmente ganha vida nessas páginas. Cobrindo os últimos dois anos da vida de Howard, este livro é, simplesmente, indispensável.

The Dark Barbarian
(Don Herron (Ed.), Greenwood Press, 1984)

Concebido e editado por Don Herron, *The Dark Barbarian* foi um marco na crítica de Howard. Abertamente hostil a L. Sprague de Camp, Herron levou seu assunto a sério, concentrando-se não em Conan, mas em Howard como um autor talentoso e importante. A maioria dos ensaios está agora seriamente datado, dado a enorme quantidade de novas informações que surgiram desde que foi publicado, mas isso não diminui a importância histórica do volume. "*Robert E. Howard: Hard-Boiled Heroic Fantasist*", de George Knight (um pseudônimo de Don Herron), é talvez o único mais importante sobre Howard já publicado, enterrando em dez páginas, tudo o que tinha sido escrito antes sobre as influências de Howard e delineando sua verdadeira importância na paisagem do gênero de ficção americana. Um tipo de complemento, *The Barbaric Triumph* (2004), está muito longe desse esforço pioneiro.

The Last Celt
(Glenn Lord (Ed.), Donald M. Grant, 1976)

A monumental bio-bibliografia de Howard por Glenn Lord. Na era da Internet, as bibliografias tornaram-se uma coisa do passado, mas a impressionante massa de ensaios, memórias, documentos, raridades e reproduções de Lord continua a ser uma bela produção e um monumento a Howard, escrito e supervisionado pelo homem que foi seu maior defensor.

Dark Valley Destiny
(Catherine e L. Sprague de Camp, Jane Whitington Griffin, Bluejay Books, 1983)

A primeira biografia completa de Howard. Poderíamos ser educados e dizer que este livro sofre de uma série de erros, aproximações e julgamentos peremptórios. Mas isso seria muito gentil. Os de Camps tomaram liberdades com suas evidências, escondendo certos aspectos, distorcendo outros e inventando fatos quando não conseguiram encontrar nenhum para respaldar suas teorias. Nada neste livro deve ser considerado pelo valor nominal, a menos que seja verificado em relação a outras fontes. Embora os de Camps devam ser elogiados por entrevistar tantas pessoas antes de morrerem, todo o seu material de pesquisa já foi disponibilizado aos acadêmicos, e este trabalho biográfico agora pode ser relegado onde ele pertence: nas notas de rodapé da história do conhecimento sobre

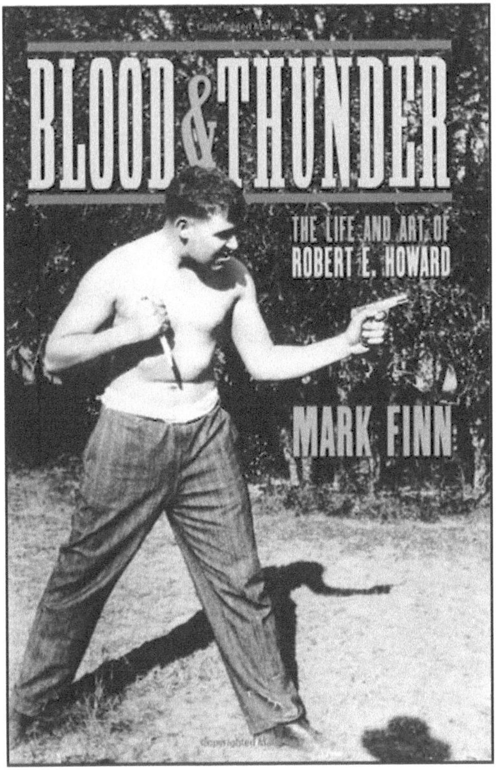

"Blood and Thunder" (inédito no Brasil)
de Mark Finn, edição revisada, 2010.

Howard.

Blood and Thunder, the Life and Art of Robert E. Howard
(Mark Finn, 2006, 2010)

A primeira edição deste livro (2006, MonkeyBrain Books) foi substituída por sua versão atualizada e expandida (2010, REH Foundation Press). Finn, um texano nativo, oferece aqui uma biografia de Howard como visto e examinado através do prisma do Texas. É eficaz, muitas vezes pertinente e definitivamente necessário para um não-texano. Finn, por sua própria admissão, nunca teve qualquer intenção de criar uma biografia "definitiva", e ele frequentemente afirmou que seu livro está aí para enterrar *Dark Valley Destiny*, e ajudar os leitores a esperar pela próxima biografia de tamanho-mamute. A única biografia para ler até então.

2. Revistas

Cromlech

Com três edições publicadas nos anos 80, esta foi a primeira tentativa de publicar uma revista séria sobre Howard. Foi um projeto de Marc Cerasini e Charles Hoffman, este último tendo a honra de ter sido o autor da primeira peça séria de escrita sobre Howard: "*Conan the existentialist*" (1974).

The Dark Man: the Journal of Robert E. Howard Studies

Publicado mais ou menos regularmente desde 1990. O periódico "acadêmico" sobre Howard e suas obras. Muitos excelentes ensaios. Muitos outros de qualidade duvidosa, apesar dos esforços permanentes para atender aos padrões acadêmicos.

The Cimmerian

O *prozine* de Leo Grin, durante os seis anos de existência, teve um impressionante ritmo de publicação (entre 6 e 12 edições por ano), uma postura anti-acadêmica declarada e ensaios que iam do excelente ao abissal e / ou só preenchimentos. Sempre à procura de controvérsia e desejando se envolver em polêmicas, *The Cimmerian* era um cometa de fogo na paisagem Howardiana.

REH: Two-Gun Raconteur

Publicado desde 1976 pelo incansável Damon Sasser, TGR oferece um

O evento Robert E. Howard Days (ou Howard Days, abreviado) acontece todos os anos no segundo fim de semana de junho em Cross Plains, Texas, a cidade natal de Howard. É uma ocasião para acadêmicos, fãs, amadores e novatos se reunirem no coração do Texas e discutirem sobre Howard, onde ele escreveu todas as histórias pelas quais é famoso. O tema e o convidado de honra mudam a cada ano, e os prêmios da Robert E. Howard Foundation são anunciados.

coquetel bem sucedido de ensaios leves e sérios, ilustrações e rara ficção de Howard.

3. Howard na Internet:

Sites selecionados:

The Robert E. Howard Foundation (www.rehfoundation.org)
O órgão oficial da Fundação sem fins lucrativos "organizado para promover a compreensão da vida e obra de Robert E. Howard. Seu objetivo é homenagear o legado de Howard como um escritor habilidoso, prolífico e bem sucedido de histórias de fantasia, regionais, de terror, ação e aventura em uma ampla variedade de gêneros. A missão da Fundação é promover sua crença na importância da imaginação e da escrita criativa." Possíveis opções de associação, incluindo um nível gratuito.

Robert E. Howard Days (www.howarddays.com)
O site oficial do evento anual Howard Days, realizado no segundo final de semana de junho, em Cross Plains, a cidade natal de Robert E. Howard no Texas.

HowardWorks (http://howardworks.com)
De longe, o banco de dados bibliográfico mais completo sobre Howard, ponto.

"A morte para o velho é inevitável, e ainda assim, de alguma forma eu sinto que é uma tragédia maior do que a morte para os jovens. Quando um homem morre jovem, ele sente muita falta de sofrimento, mas os velhos só têm a vida como possessão e, de alguma forma, o rompimento de um remanescente lamentável de dedos velhos e frágeis é mais trágico do que o saque de uma vida em seu pleno vigor. Eu não quero viver para ser velho. Eu quero morrer quando minha hora chegar, rápida e repentinamente, na maré cheia de minha força e saúde."

— ***Robert E. Howard***
9 de maio de 1936

Conclusão
A Revolução Howard

Embora Howard seja frequentemente saudado como um dos fundadores da fantasia moderna, a natureza exata do que ele trouxe para o gênero é muitas vezes mal interpretada. Para alguns, a criação de Conan, o cimério, marca o nascimento de um novo gênero literário, "espada e feitiçaria", entendido como um fruto dos romances (pseudo-) medievais de William Morris ou E. R. Eddison, e caracterizado pela presença de um herói musculoso, uma intriga não-maniqueísta e uma dose saudável de violência (além dos ingredientes "requeridos", que são as espadas e a feitiçaria). Desnecessário será dizer que tal rótulo não é realmente útil. A própria denominação tem sido usada para denegrir o (sub) gênero como um todo, em uma equação nebulosa que coloca todos os romances pertencentes a essa categoria no mesmo nível, portanto culpados por falta de sofisticação, ausência de valor literário e uma tendência evidente para a misoginia. Se isso define a contribuição de Howard para a literatura, então não há razão para se estar em êxtase. Mas, e como é frequentemente o caso com o texano, as coisas são mais complexas do que parecem.

Howard nunca usa a denominação "Conan, o Bárbaro" nos contos que caracterizam o personagem. Ele o apresenta como "o cimério" ou "da Ciméria". Da mesma maneira, seu nome nunca aparece em nenhum dos títulos da série. Às vezes, ele é um personagem secundário, principalmente em "O Estranho Negro" ou "Uma Bruxa Nascerá". Ele é, obviamente, fundamental para a história, mas age principalmente fora do palco. Em "Lobos Além da Fronteira",[113] ele nem pretendia tê-lo como o foco da história. Esses três contos foram escritos no final da série, prova de que Howard estava tentando abrir novos caminhos e não depender de uma

---

[113] *Título original: "Wolves Beyond the Border".*

fórmula bem-sucedida. Esse fenômeno não se limita a Conan: Howard gostava de usar heróis recorrentes em seus contos, mas não se pode dizer que as histórias giram em torno deles. Eles podem agir e se comportar de forma semelhante ou diferente de uma história para outra, mas em nenhum momento podemos afirmar que há uma evolução para o personagem. As histórias são autônomas, não apresentam nenhum caráter recorrente (além de alguns exemplos isolados), o protagonista não tem nenhum destino ou busca para cumprir, e é uma tentativa fútil tentar acorrentá-lo em uma chamada biografia. Se "Rainha da Costa Negra" ocorre antes ou depois de "Colosso Negro" não afetará a experiência do leitor de forma alguma, independente do que vem em primeiro lugar na suposta "biografia".

Foi durante os anos sessenta, quando a série Conan foi impressa pela primeira vez em brochura, que Conan, de repente, se viu transformado no herói de oito volumes, inicialmente, depois em doze, de uma "saga" relacionando sua lenta ascensão ao trono da Aquilônia, seguindo uma série de reescritas editoriais e modificações que foram detalhadas em capítulo anterior. Para dar apenas um exemplo desse processo muito prejudicial em ação: revelar desde o início que o personagem que aparece no primeiro capítulo de "O Estranho Negro" é Conan é uma tentativa particularmente infeliz de recentrar artificialmente a narrativa sobre o cimério, enquanto, obviamente, Howard evitava identificá-lo como tal e brincar com os códigos que ele próprio criara, de modo a fazer com que seu próprio herói "desaparecesse" durante a maior parte do conto.

A fetichização do nome "Conan" teve inúmeras consequências, que não são sem ter uma influência considerável na forma como os escritos de Howard são percebidos. Transformar o personagem em uma "franquia" contribuiu para o congelamento, por assim dizer, de certos aspectos da marca em que o cimério se tornou. Obviamente, pode-se objetar que essas deformações são inevitáveis quando um personagem fictício se torna tal ícone, escapando de seu criador e assumindo vida própria. Além disso, o próprio Howard escreveu alguns contos não muito louváveis de Conan quando o dinheiro estava apertado. No entanto, Lovecraft é lembrado e comemorado por "A Cor Vinda do Espaço" e "O Chamado de Cthulhu", não por "Horror em Red Hook". Sim, Howard escreveu contos menores como "O Vale das Mulheres Perdidas", mas como qualquer escritor, ele deveria ser julgado por sua melhor produção, não por sua pior. Howard é, em primeiro lugar, o autor de "Pombos do Inferno", "Pregos Vermelhos", "Além do Rio Negro" e "Vermes da Terra" (para citar alguns), histórias que tratam de civilizações decadentes, morte, selvageria, isolamento e loucura. Nessas histórias, a maioria dos personagens secundários encontra seu final e, na maioria das vezes, o protagonista mal sobrevive à provação; decididamente não é uma típica produção escapista.

A fama de Conan (e as deformações que a acompanham) veio antes que Howard pudesse receber qualquer atenção crítica séria. Como consequência, a qualidade literária das histórias tem sido, na maioria das vezes, apenas uma preocupação secundária, por trás da figura imponente de Conan. Assim, se Tolkien é sempre referido como o autor de O Senhor dos Anéis, Howard é, na melhor das hipóteses, o "criador de Conan, o Bárbaro", nunca "o autor de 'Pregos Vermelhos'".

A expressão "espada e feitiçaria" foi criada em 1961 por Fritz Leiber (autor das histórias de *Fafhrd* e *Gray Mouser*) para descrever o tipo de histórias que Howard, Moorcock e ele mesmo escreveram. Moorcock havia sugerido "fantasia épica". Não declarado abertamente, mas claramente importante no processo foi o desejo de Moorcock de dar um nome a um tipo de fantasia que era diferente da de Tolkien. O problema é que o próprio Howard nunca colocou esse rótulo em seus escritos, e provavelmente nunca sentiu necessidade disso. Para ele, seus contos eram "narrativas" e quando uma história era escrita com a *Weird Tales* em mente, seria uma "narrativa estranha", sem mais precisão. Ele não era alguém para deixar-se enjaular pela estrutura muito estreita imposta pela própria natureza do mercado de *pulps*. Essa atitude foi fundamental no início da série Conan e explica por que um grande número de seus contos foram rejeitados, muito audaciosos ou inovadores para a época. Isso, por sua vez, explica parte do gênio de Howard, que reconheceu esse problema e encontrou uma maneira de transcender essas limitações.

Howard provavelmente teria recusado essa necessidade imperiosa de catalogar seus trabalhos em limites tão restritos, especialmente um tão redutor quanto "espada e feitiçaria" (o que parece uma tentativa ruim de tentar descrever, por suas armadilhas, o que não se pode definir). Mais: quando as prateleiras das livrarias americanas começaram a ficar cheias de uma torrente interminável de romances de espada e feitiçaria em meados

dos anos 60, a avalanche foi tal que levou a uma contra-reação muito lógica e à criação de uma nova apelação: "alta fantasia". O outro lado do espectro tornou-se assim "baixa fantasia", implicitamente rejeitado como um bastardo e subgênero, decididamente desagradável, povoado com simplórios bárbaros com baixa testa franzida, "fralda" de pele, empunhando espadas com uma propensão definida para bimbos seminus. Na maioria das vezes, esses romances eram produto dos limitados talentos e imaginação de picaretas, ansiosos por atender à enorme demanda editorial por esses romances, e podemos entender por que vários autores sentiram a necessidade de se distanciar desse excesso de má ficção. ("Aparecendo em breve em uma banca de jornal perto de você", de Karl Edward Wagner (Fantasy Newsletter, março de 1981) é um artigo de leitura obrigatória nesse sentido, uma radiografia do mercado tão hilária quanto assustadora.)

Tendo "sido o pai" do subgênero de feitiçaria e espada, Howard foi logo colocado em confronto com o resto daquela multidão, muitas vezes condenado pelo que ele tinha escrito, e ainda, mais vezes, pelo que as pessoas pensavam que ele tinha escrito. Os romances francamente embaraçosos de autoria de Lin Carter — ele mesmo responsável por vários *pastiches* de Conan — não ajudaram em nada com a confusão geral sobre o que era genuíno de Howard e o que tinha sido escrito por pessoas que lucravam com seu nome.

Howard nunca teve a intenção de nos contar a longa saga de um bárbaro subindo vagarosamente os degraus de uma sociedade de um passado distante, ele não estava lá para escrever um épico nacional à maneira das velhas lendas. Sua ficção está ancorada no realismo (apesar de todas as suas concessões ao sobrenatural), em sua experiência de vida, vista e filtrada através da Grande Depressão. O mundo de Conan não é "imaginário", já que a Era Hiboriana é supostamente uma era esquecida de nossa própria História. A distinção é essencial. Por mais secundário que seja, o mundo de Howard é o nosso. Howard nunca tenta nos surpreender com animais ou criaturas maravilhosas. Seu bestiário é o nosso e as ameaças animais são as do nosso mundo, simplesmente maiores: hienas gigantes, cobras enormes, gorilas carnívoros e até um elefante. Os inimigos são quase sempre antropomórficos: feiticeiros que sangram, desejam, envelhecem e morrem. Os deuses, se existirem, nunca interferem nos assuntos humanos, ou, se o fazem, por meio de seus agentes humanos, somos livres para acreditar que esses agentes são divinamente inspirados ou simplesmente desordenados.

Howard desenvolveu o mundo de Conan da mesma maneira que ele experimentou com novos gêneros: por hibridização. Quando ele decidiu escrever um conto de vampiros, ele rejeitou as convenções usuais do gênero, e mudou o cenário para o Texas, um lugar que ele conhecia e poderia escrever de maneira convincente; o protagonista vitoriano foi substituído por um fazendeiro decididamente obtuso e um pouco racista. Da mesma forma, a Era Hiboriana nasceu da dificuldade de Howard em vender ficção histórica. Assim, ele modificou ligeiramente os nomes de povos e países, reuniu suas épocas históricas e regionais favoritas e criou para si um gigantesco parque de diversões ficcional, onde era livre para violar todos os detalhes históricos sem arriscar as reações iradas de leitores chocados com seu tratamento da história, vampiros ou convenções aceitas. Pois isso não era novidade para ele: já em 1928, quando ele havia criado Solomon Kane, o editor da *Argosy* ter dito a Howard o que alguém poderia e não poderia fazer na ficção. Howard não se importava: ele era um criador de tendências por natureza, não um seguidor.

Ele foi, em muitos aspectos, o sucessor dos intrépidos, daquelas aventuras históricas ou épicas que foram tão populares nos primeiros anos do século XX. Ele era um admirador de Alexandre Dumas, Harold Lamb e Rafael Sabatini, que quase definem o gênero por si mesmos. Mas, libertando-se das contingências e exigências da ficção histórica e até mesmo da aventura, Howard destruiu todas as fronteiras que necessariamente limitavam seus antecessores. Ele chegou à cena literária precisamente no momento em que não era mais possível escrever sobre áreas inexploradas do mundo. Os contos de Conan transcendem, por sua própria natureza, os gêneros dos quais derivam — seja ocidental, histórico ou de alta aventura —, deslocando-os de seu contexto histórico e ocultando-os em um aspecto hiboriano, Howard deu a essas histórias uma universalidade que não teriam de outra forma. Eles se tornaram atemporais, tão verdadeiros hoje como eram setenta anos atrás. E Howard deu um passo além, libertando seu herói do jugo do destino (real) e / ou de uma biografia que provou ser um atoleiro para tantos de seus seguidores. Com Howard, a fantasia simplesmente se tornou, em essência, como Proteus, o veículo perfeito para contar qualquer tipo de história que se queira. Infelizmente, poucos foram aqueles que reconheceram esse avanço incrível pelo que era.

Além de seus excessos extravagantes, a ficção de Howard é caracterizada por sua violência, por uma certa lucidez fria sobre o que a humanidade é capaz; é brutalmente pessimista (e, portanto, profética) em muitos pontos, e é provavelmente por isso que sempre foi mais popular em tempos de crise, adotando as linhas de falha de nossa sociedade: a década de 1930, a segunda metade dos anos sessenta e naturalmente nosso mundo atual. Howard acabou com a linguagem rebuscada, os tons românticos e a convicção de que o bem necessariamente prevalece no final, elementos que prevalecem na fantasia clássica. Ele nos fala sobre um mundo que é escuro, sujo e arenoso, onde alguém pode temporariamente encontrar refúgio na louca ilusão que é a aventura, mas um mundo que oferece, em última análise, não muito em termos de esperança. Howard nos fala sobre o mundo em que vivemos.

Com seus melhores contos e, notavelmente, os melhores contos de Conan, Howard nos dá uma obra de âmbito universal, tão moderna como era nos anos 1930. Talvez ainda mais moderna.

Sobre o autor

Patrice Louinet é o editor da série definitiva, de três volumes, de Conan (Del Rey Books). No conselho de administração da Robert E. Howard Foundation desde sua criação em 2006, ele editou inúmeros livros de Howard, bem como ensaios e apresentações, e atuou como conselheiro sobre Howard no imensamente bem-sucedido jogo de tabuleiro Conan da Monolith. Recebeu o *Lifetime Achievement Award* da Robert E. Howard Foundation em 2014 e foi duas vezes indicado ao *Grand Prix de l'Imaginaire*. Está atualmente concluindo sua tese de doutorado em Howard na Sorbonne, Paris (Departamento de Literatura e Civilização Americana), entre outros empreendimentos. Patrice vive em Paris, França, com sua esposa e filho.

VIDA LONGA A

Robert E. Howard

PAI DA FANTASIA MODERNA.

RED DRAGON
PUBLISHER

BOOKS · COMICS · GRAPHIC NOVELS

Alex Magnos Storyteller
Fortaleza CE Brasil

facebook reddragonpublisher
Instagram reddragonpublisher
twitter redpublisher

reddragonpublisher@gmail.com
contato@reddragonpublisher.com
www.reddragonpublisher.com

www.ingramcontent.com/pod-product-compliance
Ingram Content Group UK Ltd.
Pitfield, Milton Keynes, MK11 3LW, UK
UKHW040316300826
14791UKWH00003B/923

9 788569 097488